Josef Ritz   Mit Kindern wandern

Josef Ritz

Mit Kindern wandern

rund um Garmisch,
Tegernsee
und Berchtesgaden

Zweite, durchgesehene Auflage

BLV Verlagsgesellschaft
München Bern Wien

CIP-Kurztitelaufnahme der Deutschen Bibliothek

Ritz, Josef:
Mit Kindern wandern: rund um Garmisch, Tegernsee und
Berchtesgaden / Josef Ritz. [Verantwortl. Mitarb.: Rupert
Kunze . . . Tourenzeichn.: Hellmut Hoffmann].
2., durchges. Auflage — München, Bern, Wien:
BLV Verlagsgesellschaft, 1979.
  ISBN 3-405-12101-9

Das vorliegende Buch wurde aus den BLV-Boxen
Nr. 10, 13 und 20 entwickelt.
Fachliche Beratung: Günter Sturm, autorisierter Bergführer.
Verantwortliche Mitarbeiter: die Bergführer Rupert Kunze
(Raum Garmisch), Wolfgang Schneider (Raum Tegernsee),
Franz Rasp und Hans Richter (Raum Berchtesgaden).

Schriftliche und bildliche Darstellungen dieses Werkes
erfolgten nach bestem Wissen und Gewissen des Autoren.
Die Begehung der Touren nach diesen Vorschlägen geschieht
auf eigene Gefahr. Eine Haftung kann nicht übernommen
werden.

ISBN 3-405-12101-9

© BLV Verlagsgesellschaft mbH, München, 1979
Tourenzeichnungen: Hellmut Hoffmann
Titelfoto und Foto Seite 9: Foto-Löbl, Bad Tölz
Gesamtherstellung: Presse-Druck- und Verlags-GmbH, Augsburg
Printed in Germany

Inhaltsverzeichnis

Rund um Berchtesgaden

Vorwort

Die hier beschriebenen 58 Touren verlaufen alle auf gefahrlosen Wegen mit guter Markierung. Es sind sowohl kurze Ausflüge als auch Tageswanderungen auf schöne Aussichtsgipfel sowie Bergabwanderungen, wobei man den Aufstieg mit Seilbahnhilfe bewältigt. Ausgewählt wurden sie von Bergführern aus Garmisch, Schliersee und Berchtesgaden, die natürlich ihre Heimat am besten kennen und alle Hinweise sorgfältig zusammengestellt haben.

Seien Sie jedoch nicht überrascht, wenn Sie in diesem Büchlein ganz »normale« Wandervorschläge finden. Es gibt nun einmal keine reinen »Kindertouren«, wohl aber leicht begehbare Wege und hübsche, leichte Bergtouren, auf die man auch Kinder mitnehmen kann. Mit Kindern wandern kann sehr schön sein — aber auch eine Tortur, denn für Naturschönheiten allein haben sie in der Regel recht wenig Verständnis. Dafür sagen sie es sofort und gut hörbar, wenn sie der Schuh drückt, und wenn sie Durst haben, verstehen sie nicht, daß die Eltern das nicht immer gleich abstellen können. Auch ihre Ausdauer läßt sehr schnell nach, wenn ihnen das Ganze nicht mehr lohnend erscheint. Deshalb und aus einer Reihe anderer und ähnlicher Gründe lassen sich Kinder und Wandern nicht katalogisieren. Da hilft nur folgendes Rezept: Ausprobieren, klein anfangen, Leistungs- und Erfolgsdenken beiseite schieben, dafür Spiel und Spaß produzieren. Kann man für die richtige Motivation und Stimmung sorgen, finden Kinder sehr schnell Geschmack am Wandern, dann muß man manchmal sogar ihren Tatendrang ein wenig bremsen und darauf achten, daß sie nicht überfordert werden. Das Alter der Kinder ist nicht unbedingt ausschlaggebend, denn mancher gehtüchtige 8jährige läßt einen weniger geübten 10jährigen auf einer Wanderung glatt stehen. Deshalb wurde in diesem Buch bewußt auf eine Altersangabe verzichtet, dafür sieht man anhand der Charakterisierung bei jeder Tour sofort und auf einen Blick, um was und wie weit es geht. Auch die Gehzeiten richten sich nach dem Leistungsvermögen guter, erwachsener Durchschnittswanderer. Gehzeiten für Kinder anzugeben, wäre illusorisch, denn sie wollen öfter rasten, mal dies, mal das anschauen.

Wichtig! Geht die Wanderung in die Bergregion — und wenn sie auch noch so harmlos erscheint —, sind für Kinder wie auch für Erwachsene Wanderschuhe mit Profilsohlen und die Mitnahme von warmer Kleidung und Regenschutz unerläßlich. Übrigens: Alle diese Touren sind auch ohne Kinder ein rechtes Freizeitvergnügen.

Josef Ritz

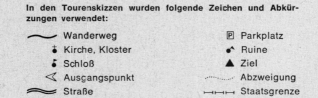

In den Tourenskizzen wurden folgende Zeichen und Abkürzungen verwendet:

⌇ Wanderweg	Ⓟ Parkplatz
⚲ Kirche, Kloster	⚑ Ruine
⚑ Schloß	▲ Ziel
⫷ Ausgangspunkt	⋯⋯ Abzweigung
⚍ Straße	⊢⊣⊢⊣ Staatsgrenze

1 Laber

Abwechslungsreiche Wanderung von Oberammergaus schönstem Aussichtsberg ins Tal. Aufstieg mit Seilbahnhilfe. Eindrucksvoll der Wettersteinkamm im Blickfeld.

Charakter Respektable Tour mit geringem Zeitaufwand

Erreichte Höhe 1685 m

Gehzeit 2 Std.

Beste Jahreszeit Mai—Winteranfang

Wanderkarte Topographische Karte 1:50 000, Blatt Werdenfelser Land, Bayerisches Landesvermessungsamt

Talort Oberammergau, 837 m

Ausgangspunkt Bergstation der Laber-Seilbahn, Restaurant

Parken An der Talstation

Bergbahn Laber-Bergbahn (12-Personen-Kabinen) 925 m — 1675 m

Abstieg Vor dem Abmarsch ist ein längerer Blick auf das Panorama im Süden sicher keine Zeitverschwendung. Am eindrucksvollsten zeichnet sich das Wetterstein — von der Zugspitze bis zur Wettersteinspitze — im Gegenlicht der Sonne ab. Ziehen Sie dann los, ist erst einmal in Serpentinen, die durch Wiesen führen, nach Süden in eine kleine Einsattelung abzusteigen. Weiter folgen Sie nun dem bewaldeten Verbindungsrücken in Richtung Ettaler Mandl bis ins Laberjoch. Hier zweigt der Weg zum Ettaler Mandl nach rechts ab; Sie aber folgen den großen Serpentinen nach links, allgemeine Richtung Nordosten, und pilgern durch eine große Wiesenmulde zum Soila-

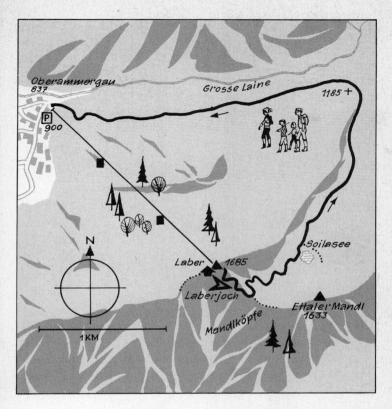

see (³/₄ Std.). Seine Lage: ein romantischer Platz unter den Nordabstürzen des Ettaler Mandls. Auf dem breiten Weg wandern Sie dann durch schönen Hochwald weiter nach Norden, kommen an der Soila-Alm vorbei und erreichen bald eine Lichtung mit einem Feldkreuz. Hier schwenken Sie mit dem Weg nach links (Westen) und kommen weiter durch Wald sicher abwärts. Das Ende bilden einige Kehren, die über Almwiesen wieder zur Talstation führen (1¼ Std.).

2 Reschbergwiesen

Aussichtsreiche Wanderung unter der Ostflanke des Kramermassivs. Nur geringe Höhenunterschiede. Reichhaltige Pflanzenwelt.

Charakter   Sehr leichte Wanderung

Erreichte Höhe   850 m

Gehzeit   3 Std.

Beste Jahreszeit   Mai—Winteranfang

Wanderkarte   Topographische Karte 1:50 000, Blatt Werdenfelser Land, Bayerisches Landesvermessungsamt

Besonderer Hinweis   Bademöglichkeit im Pflegersee; warmer Moorsee

Talort   Garmisch-Partenkirchen, 708 m

Ausgangspunkt   Bushaltestelle »Thomas-Knorr-Straße« am nördlichen Ortsende von Garmisch

Parken   Ausreichend Platz in der Thomas-Knorr-Straße

Wanderung   Die Thomas-Knorr-Straße ungefähr 300 m ortseinwärts, bis rechts die Markierung KR — Ziel Pflegersee — erreicht wird. Es geht dann recht gemächlich aufwärts (Markierung: KR), Wald wechselt mit großen Weiden, und zwischen dem Sonnenbichlsee rechts und dem Kramerplateauweg links steuern Sie zum Pflegersee (850 m, 1 Std., Gasthaus, Badeanstalt). Sind Sie wieder etwas restauriert, wandern Sie flach und gemütlich unter den Abstürzen des Königsstandes nach Nordwesten (Markierung: F 4) und gelangen dann leicht abwärts durch Hochwald schließlich in den Lahnenwiesgraben. In

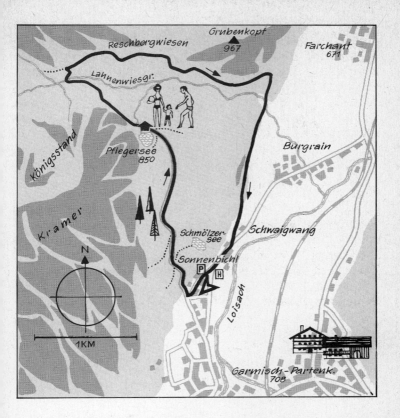

einer großen Rechtskurve und auf neuer Forststraße landen Sie am westlichen Ende der Reschbergwiesen (½ Std.). Über die etwas welligen Wiesen abwärts, um am nordöstlichen Ende auf eine Forststraße zu treffen, der nach rechts in großen Serpentinen zu folgen ist (Markierung: F 3). Zum Schluß ziehen Sie (Markierung: F 2) an der Siedlung Burgrain (links) vorbei zur Bushaltestelle Schwaigwang (1½ Std.). In noch einmal 10 Minuten erreicht man dann bequem den Ausgangspunkt Sonnenbichl.

3 Königsstand

Schöne Wanderung zu einer gut besuchten Aussichtskanzel hoch über Garmisch. Großartiger Blick über das Loisachtal und auf den Wettersteinkamm.

Charakter Leichte, aber recht ausgedehnte Wanderung

Erreichte Höhe 1430 m

Gehzeit 5 Std. — Aufstieg 3 Std. — Abstieg 2 Std.

Beste Jahreszeit Juni—Winteranfang

Wanderkarte Topographische Karte 1:50 000, Blatt Werdenfelser Land, Bayerisches Landesvermessungsamt

Besonderer Hinweis Der gesamte Anstieg verläuft über Süd- und Osthänge, ein früher Aufbruch spart deshalb manchen Schweißtropfen; großer Höhenunterschied: 700 m

Talort Garmisch-Partenkirchen, 708 m

Ausgangspunkt Brauhaus Garmisch neben dem neuen Garmischer Friedhof

Parken Am Brauhaus Garmisch

Aufstieg Vom Brauhaus folgen Sie erst einmal dem Weg mit der Markierung K 5 bis zur Kreuzung mit dem Kramerplateauweg (½ Std.). Nächstes Zwischenziel ist das Berggasthaus St. Martin. In großen Serpentinen pilgern Sie auf dem breiten Wanderweg (Markierung: KR 1) durch lockeren Wald zum Gasthaus (1030 m, 1 Std.). Nun geht es weiter (Markierung: KR 5) in Kehren — mal kurz, mal lang — durch Wald zur »Kanzel«, einem recht luftigen Aussichtspunkt (½ Std.). Wieder eine ½ Stunde später, nach Serpentinen und durch einen lichten

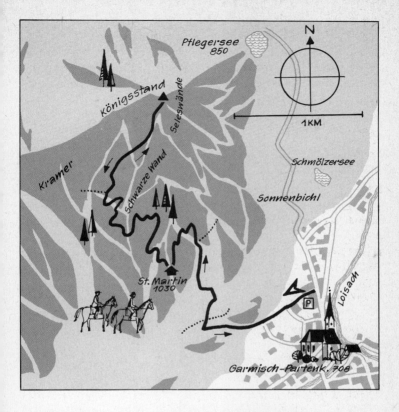

Föhrenbestand, kommen Sie zu einer Weggabel. Nach links zieht der Steig zum Kramergipfel, Sie aber wandern nach rechts weiter (Markierung: KR 5). Flach, manchmal sogar etwas abwärts, queren Sie nun durch Latschen und über eine gesicherte Engstelle auf das bewaldete Plateau des Königsstandes ($^1/_2$ Std.). König Ludwig ließ diesen Weg als Reitweg für die Jagd anlegen. Großartiger Ausblick auf das Loisachtal.

Abstieg   Er erfolgt auf dem Aufstiegsweg.

4 Kramerplateauweg

»Paradeweg« am Kramerhang. Sonniger und vielbegangener Wanderweg über dem Garmischer Tal. Immer prachtvoller Blick auf die großen Wettersteingipfel.

Charakter Ausgesprochen bequeme Wanderung

Erreichte Höhe 900 m

Gehzeit 4 Std.

Beste Jahreszeit April—Winteranfang

Wanderkarte Topographische Karte 1:50 000, Blatt Werdenfelser Land, Bayerisches Landesvermessungsamt

Besonderer Hinweis Bademöglichkeit im Pflegersee

Talort Garmisch-Partenkirchen, 708 m

Ausgangspunkt Bushaltestelle »Am Weidlegraben« im Norden von Garmisch

Parken Im Steinbruch oder 50 m ortseinwärts in der Seitenstraße

Wanderung Bei einem kleinen Steinbruch gegenüber der Haltestelle beginnt der markierte Weg, der durch Wald zur Ruine Werdenfels zieht (½ Std., Gasthaus). Nun geht es aufwärts, nicht übermäßig stark, aber doch spürbar (Markierung: F 2) zum warmen Pflegersee (850 m, ½ Std., Gasthaus, Badeanstalt). In der Kramer-Südflanke ziehen Sie anschließend auf dem Kellerleitenweg — eine schöne Weganlage mit leichtem Aufwärtstrend (Markierung: KR 1) — nach Westen bis zur Abzweigung »St. Martin« (½ Std.). Nächster Orientierungspunkt ist der große geschnitzte Wegweiser am Kramerplateauweg,

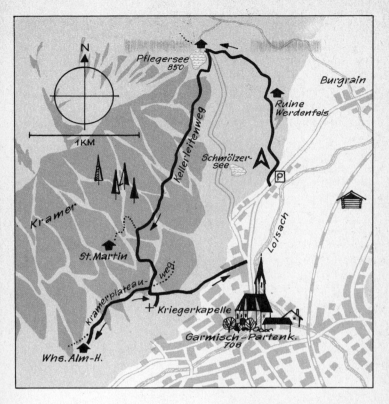

der im leichten Abstieg (Markierung: KR 1) zu erreichen ist.
Auf dem Kramerplateauweg (Markierung: KR), einem Parade-
stück von Wanderweg, promenieren Sie flach zum Berggast-
hof Alm-Hütte (1 Std.). Wollen oder müssen Sie wieder zum
Ausgangspunkt zurück, heißt es zuerst bis zur Weggabel »St.
Martin« pilgern. Auf dem Weg (Markierung: K 5) zum Brauhaus Garmisch treffen Sie dann noch auf die sehenswerte
Kriegergedächtniskapelle. Sehenswert ist hier sowohl die Lage
als auch die Kapelle selbst. Vom Brauhaus zur Bushaltestelle
»Thomas-Knorr-Straße« und in 10 Minuten zum Ausgangspunkt
(1½ Std.).

5 Eibsee-Runde

Rund um den wunderschön gelegenen Eibsee direkt zu Füßen der Zugspitze und unter den über 1000 m hohen Steilwänden des Waxensteinkammes.

Charakter Leichte und flache Uferwanderung, oft unmittelbar am Wasser entlang

Erreichte Höhe 1000 m

Gehzeit 2 Std.

Beste Jahreszeit Juni—Winteranfang

Wanderkarte Topographische Karte 1:50 000, Blatt Werdenfelser Land, Bayerisches Landesvermessungsamt

Besonderer Hinweis Die Wanderung ist nach langen Regenfällen nicht zu empfehlen; Bademöglichkeit im Familienbad oder an günstigen Uferstellen

Talort Garmisch-Partenkirchen, 708 m

Ausgangspunkt Parkplatz an der Station »Eibsee« der Bayer. Zugspitzbahn (1000 m); von Garmisch stündlich mit der Zugspitzbahn oder mit dem Pkw (Fahrzeit 20 Minuten) zu erreichen

Parken Am Zugspitzbahnhof der Station »Eibsee«

Wanderung Sie gehen vom Parkplatz zuerst zum Eibseehotel und biegen hier nach links in den Süduferweg (Markierung: E 1) ein. Auf dem breiten Weg am Wasser entlang kommen Sie bald am Eibsee-Pavillon vorbei, links liegt der kleine Frillensee in der Landschaft und rechts folgt die Badeanstalt. Wenn dann links die Hänge steiler ansteigen, wird aus dem breiten Weg

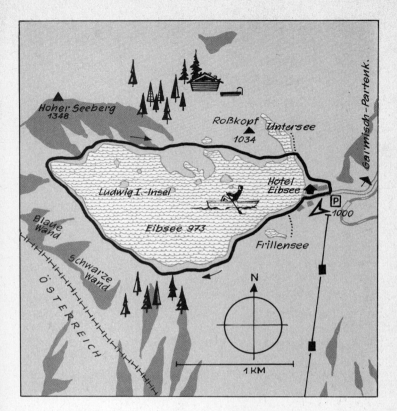

ein gut gehbarer, aber doch schmaler Pfad, der unter der Schwarzen Wand und der Blauen Wand bis zur westlichen Ecke des Sees führt (1 Std.). Sind Sie aufmerksam, können Sie 7 Eibsee-Inseln auf einen Schlag ausmachen (darunter auch die Ludwig-I.-Insel). Am Nordufer entlang ist der Weg (Markierung: E 2) wieder üppig breit. An fjordartigen Einschnitten vorbei kommen Sie in die große Bucht zwischen Eibsee und Untersee (Teil des Eibsees) und kehren über die Brücke (Markierung: E 3) wieder zum Eibseehotel zurück (1 Std.).

6 Über die Törlen

Besonders abwechslungsreich führt diese Wanderroute vom bayerischen Eibsee zum österreichischen Obermoos (Talstation der österreichischen Zugspitzbahn).

Charakter Leichte Bergwanderung im Schatten der Zugspitze

Erreichte Höhe 1474 m

Gehzeit 3 Std. — Aufstieg 2 Std. — Abstieg 1 Std.

Beste Jahreszeit Juni—Winteranfang

Wanderkarte Topographische Karte 1:50 000, Blatt Werdenfelser Land, Bayerisches Landesvermessungsamt

Besonderer Hinweis Grenzgebiet, Personalausweis mitnehmen

Talort Garmisch-Partenkirchen, 708 m

Ausgangspunkt Parkplatz an der Station »Eibsee« der Bayer. Zugspitzbahn (1000 m); von Garmisch stündlich mit der Zugspitzbahn oder mit dem Pkw (Fahrzeit 20 Minuten) zu erreichen

Parken Am Zugspitzbahnhof in Garmisch

Aufstieg Vom Parkplatz nicht zum See, sondern gleich nach Südwesten gehen. Sie kreuzen dabei zwei kleine Skilifts und folgen dann dem breiten Weg mit der Markierung Z 1. Erst zieht er recht flach durch Eiben- und Tannenwald, später allerdings — der Weg geht dann in Serpentinen über — zeigt er auch steilere Seiten. So ungefähr steigen Sie meist über die teilweise ausgeholzten Hänge der Skiabfahrt vom Riffelriß aufwärts. Treffen Sie dann auf die Dienst-Hütte, ist der größte Teil

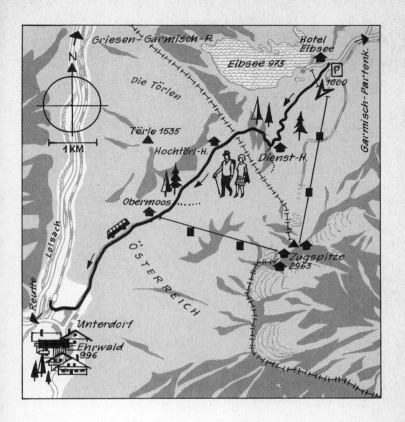

des Anstieges schon bewältigt. Sie nehmen hier den Weg nach rechts (nicht mehr der Markierung Z 1 folgen) und erreichen über mäßig ansteigende Hänge die Törlen (1474 m, 2 Std.).

Abstieg Sie gehen über die Grenze und benützen gleich die hier beginnende Forststraße. Bald passieren Sie das Gasthaus Hochtörl-Hütte und pilgern unter den Nordabstürzen der Zugspitze hinunter nach Obermoos (1 Std.), der Talstation der österreichischen Zugspitzbahn. Busverbindung zum Bahnhof Ehrwald. Zu Fuß sind das noch ³/₄ Std. Von Ehrwald kehren Sie mit der Eisenbahn nach Garmisch zurück.

7 Eibsee — Hammersbach

Schattiger Höhenweg unter den wilden Nordabstürzen des Waxensteinkammes. Kein Aufstieg. Überwiegend flache oder leicht abwärtsführende Wege.

Charakter   Leichte und bequeme Wanderung

Erreichte Höhe   970 m

Gehzeit   3 Std.

Beste Jahreszeit   Juni—Winteranfang

Wanderkarte   Topographische Karte 1:50000, Blatt Werdenfelser Land, Bayerisches Landesvermessungsamt

Besonderer Hinweis   Bademöglichkeit im Eibsee

Talort   Garmisch-Partenkirchen, 708 m

Ausgangspunkt   Parkplatz an der Station »Eibsee« der Bayer. Zugspitzbahn (1000 m); von Garmisch stündlich mit der Zugspitzbahn oder mit dem Pkw (Fahrzeit 20 Minuten) zu erreichen; Pkw am besten in Hammersbach parken

Parken   Genügend Parkmöglichkeiten in Hammersbach

Wanderung   Vom Parkplatz gehen Sie erst einmal (Markierung: EH) über das Bahngleis scharf nach links (Osten). Ganz flach am Anfang, später dann leicht fallend, zieht der Weg durch lichten Hochwald, durch den Riffelwald. Später queren Sie eine große Mure (Erdrutsch), die im Jahre 1969 abging, und kreuzen dann die neue Forststraße, die links von Grainau kommt. Nun heißt der Wald »Stangenwald«, während Sie weiter leicht abwärts wandern und hie und da beeindruckt zu den imposanten Ostabstürzen des Kleinen Waxensteins aufblicken.

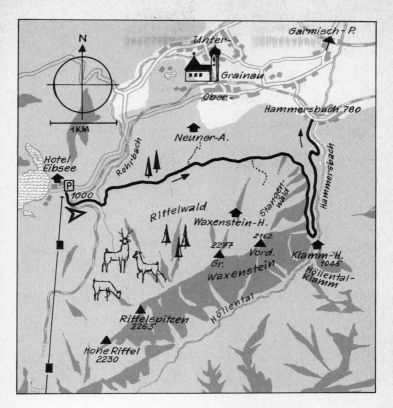

Über dem Talgrund steuern Sie nach Süden und müssen sogar einmal einige Minuten aufsteigen, um zur Höllentalklamm-Eingangshütte (1045 m, 2 Std., bewirtschaftet) zu kommen. Jetzt ist eine ordentliche Rast fällig. Hinterher, auch wenn das Aufstehen erst etwas mühsam ist, pilgern Sie geruhsam auf breitem Weg (Markierung: H 1) — nur eine große Serpentine fällt etwas steil aus — nach Hammersbach hinaus (1 Std.). Rückkehr zum Eibsee oder nach Garmisch mit der Zugspitzbahn; Hammersbach ist eine Haltestelle der Zugspitzbahn.

8 Höllentalanger-Hütte

Eindrucksvolle Wanderung durch die Höllentalklamm in das wildromantische Höllental direkt unter der Zugspitze. Breite Wanderwege. Beachtlicher Höhenunterschied: 600 m.

Charakter Anspruchsvolle, sehr lohnende Wanderung

Erreichte Höhe 1379 m

Gehzeit 4 Std. — Aufstieg 2¼ Std. — Abstieg 1³/₄ Std.

Beste Jahreszeit Juni—September

Wanderkarte Topographische Karte 1:50000, Blatt Werdenfelser Land, Bayerisches Landesvermessungsamt

Besonderer Hinweis Die Höllentalklamm kann nur gegen Eintrittsgeld besucht oder passiert werden; nur Alpenvereinsmitglieder (mit Ausweis) haben freien Zugang

Talort Garmisch-Partenkirchen, 708 m

Ausgangspunkt Hammersbach, 780 m; von Garmisch stündlich mit der Bayer. Zugspitzbahn oder mit dem Pkw (5 km südwestlich von Garmisch) zu erreichen. Der Name Hammersbach stammt aus der Zeit, da im Höllental ein Erzbergwerk war und Blei und Zink in einem Hammerwerk verarbeitet wurden

Parken In Hammersbach

Aufstieg Von Hammersbach wandern Sie auf der östlichen Uferseite des Hammersbaches nach Süden (Markierung: H 1). Eine große Kehre (steil) bringt Sie ein gutes Stück höher. Weiter geht es durch dichten Wald, dann taucht die Materialseilbahn zur Höllentalanger-Hütte auf und schöner, lichter Ahornwald schließt sich an, bis zwei gesicherte Serpentinen zur

24

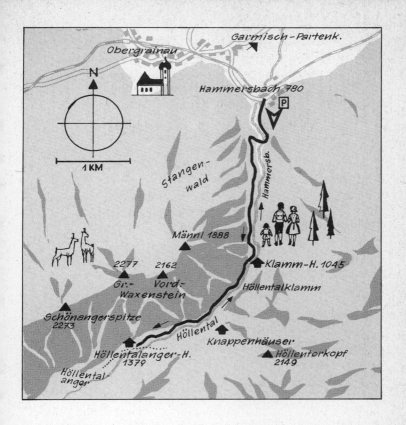

Höllentalklamm-Eingangshütte (1045 m, 1 Std., bewirtschaftet) führen. Durch die Klamm zieht ein aus dem Felsen gehauener Weg, der voll gesichert, teilweise sogar mit Stufen versehen ist. Über Brücken wird der reißende Bach zweimal überquert. Blick auf die obere Klammbrücke, die 73 m höher den Klammeinschnitt überwindet. Links am Ausgang sehen Sie Reste des Erzbergwerks (³/₄ Std.). Nun steuern Sie auf gutem Weg die Höllentalanger-Hütte an (¹/₂ Std., DAV-Hütte, bewirtschaftet Juni—September). Großartiger Hochgebirgseindruck.

Abstieg Er erfolgt über den Aufstiegsweg (1³/₄ Std.).

9 Stuibensee

Hochgebirgswanderung vom Kreuzeck zum knapp 2000 m hoch gelegenen und eiskalten Stuibensee zwischen Alpspitze und Hochblassen.

Charakter Anspruchsvolle Bergwanderung; eine kurze Felspassage ist mit Vorsicht zu begehen

Erreichte Höhe 1922 m

Gehzeit 3½ Std. — Aufstieg 2 Std. — Abstieg 1½ Std.

Beste Jahreszeit Juni—Oktober

Wanderkarte Topographische Karte 1:50 000, Blatt Werdenfelser Land, Bayerisches Landesvermessungsamt

Besonderer Hinweis Eine besonders schöne Route, wenn die Alpenrosen blühen

Talort Garmisch-Partenkirchen, 708 m

Ausgangspunkt Bergstation der Kreuzeckbahn

Parken Parkplatz an der Talstation

Bergbahn Kreuzeckbahn (Kabine) 767 m — 1641 m; 1. Auffahrt 8.15 Uhr, Bus zur Talstation alle 20 Minuten

Aufstieg Vom Kreuzeck marschieren Sie auf dem stark frequentierten und guten Wanderweg (Markierung: KK) in Richtung Hoch-Alm. Erst beim Wegweiser »Stuiben« wird nach links abgebogen (Markierung: KE 5). Der sehr ordentliche Weg geht nun etwas abwärts und zieht an der »Guglia«, einer Felsnadel, vorbei. Nach einigen felsigen Rippen kommen Sie in lockeren Hochwald und zur Bernadein-Hütte (privat, Brunnen). Bei der

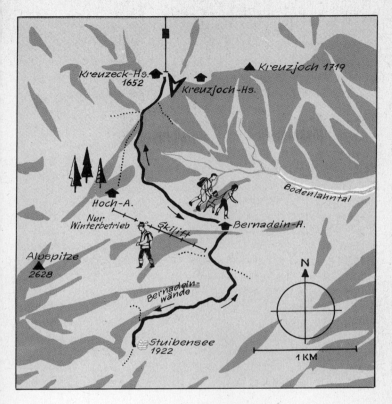

nächsten Weggabel ziehen Sie links (rechts geht es über den Hochalmsattel zur Hoch-Alm), bei der zweiten (1 Std.) dann aber rechts (Markierung: KE 6), Richtung Alpspitze (der Steig nach links führt zur Bock-Hütte). Bald kommt eine kurze Felspassage (Vorsicht!), dann schwenken Sie nach Westen und steigen auf dem geröllbedeckten Steig in Serpentinen flott aufwärts. Auf die Latschenhänge folgen zum Schluß stark felsdurchsetzte Wiesen und ein kurzer flacher Abstieg zum See (1 Std.).

Abstieg Für den Abstieg benützen Sie die Aufstiegsroute.

10 Bodenlahntal

Vom Kreuzeck durch das einsame und wildreiche Bodenlahntal zur Partnachklamm. Der Weg durch die Klamm ist eine alkoholfreie Erfrischung und ein optimales Vergnügen.

Charakter Leichte Bergwanderung, nur Abstieg

Erreichte Höhe 1652 m

Gehzeit 3 Std.

Beste Jahreszeit Juni—Winteranfang

Wanderkarte Topographische Karte 1:50000, Blatt Werdenfelser Land, Bayerisches Landesvermessungsamt

Besonderer Hinweis Alpenvereinsmitglieder mit Ausweis können die Partnachklamm kostenlos passieren

Talort Garmisch-Partenkirchen, 708 m

Ausgangspunkt Bergstation der Kreuzeckbahn

Parken Am Zugspitzbahnhof in Garmisch

Bergbahn Kreuzeckbahn (Kabine) 767 m — 1641 m; 1. Auffahrt 8.15 Uhr, Bus zur Talstation alle 20 Minuten

Abstieg Von der Bergstation wandern Sie (Markierung: KK) auf dem guten und belebten Weg in Richtung Hoch-Alm. Nach etwa 10 Minuten biegen Sie nach links (Markierung: KE 4) ins Bodenlahntal ein. Und kaum sind einige Schritte zurückgelegt, löst die vielgerühmte Bergeinsamkeit den lebhaften Betrieb rund ums Kreuzeck ab. Eine Reihe von Serpentinen zieht über Latschen- und Grashänge nach Südosten abwärts. Den Latschen folgen Bäume, bis Sie nach einiger Zeit durch schön-

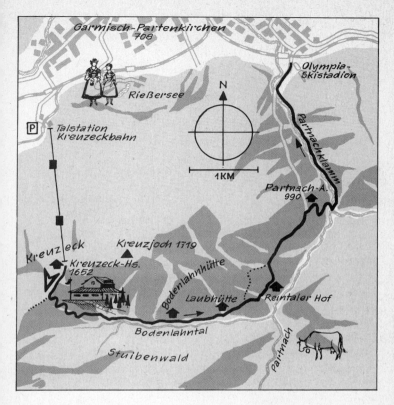

sten Hochwald auf die Bodenlahnhütte stoßen (1 Std.). Nun
weiter am Bach entlang, und Sie treffen bei der Laubhütte auf
eine Forststraße (Markierung: R). An der nächsten Weggabel
gehen Sie rechts (Markierung: R), pilgern am Reintaler Hof
(privates Ferienheim) vorbei und marschieren über schöne
Almwiesen, immer am Hang entlang, zum Gasthof Partnach-
Alm (990 m, 3/4 Std.). Dahinter in Serpentinen (Markierung: P 1)
zum Südausgang der Partnachklamm hinunter. Der Weg durch
die gut ausgebaute Klamm bringt Abkühlung und bietet ein
idyllisches Naturschauspiel. Dann zu Fuß oder mit dem Fiaker
zum Olympia-Skistadion (1¼ Std.). Nach Garmisch oder zur
Kreuzeck-Talstation mit dem Ortsbus (alle 20 Minuten).

11 Kreuzeck

Kurze Bergwanderung vom Hausberg zum Kreuzeck. Der Ausblick auf die dicht aufragenden Wettersteingipfel ist einmalig schön.

Charakter Ein recht kurzer Fußmarsch auf einem bequemen Höhenweg

Erreichte Höhe 1652 m

Gehzeit 1¼ Std.

Beste Jahreszeit Mai—Winteranfang

Wanderkarte Topographische Karte 1:50 000, Blatt Werdenfelser Land, Bayerisches Landesvermessungsamt

Besonderer Hinweis Ein Teil des Aufstieges und die Rückkehr ins Tal erfolgen mit Seilbahnen

Talort Garmisch-Partenkirchen, 708 m

Ausgangspunkt Bergstation der Hausberg-Seilbahn

Parken Parkplatz an der Talstation

Bergbahnen Auffahrt: Hausbergbahn (Kabine) 737 m — 1337 m; Abfahrt: Kreuzeckbahn (Kabine) 767 m — 1641 m

Aufstieg Von der Bergstation der Hausbergbahn wenden Sie sich nach rechts (Markierung: KE), marschieren gleich am Garmischer-Haus vorbei und lassen den Kreuzwankl-Sessellift links liegen. Zuerst schlängelt sich der Weg durch die sumpfigen Wiesen des Rimmler Mooses. Anschließend führt er in lichten Hochwald und zieht, kaum merklich ansteigend, zur Tröglhütte (privat). Hier mündet auch der Weg ein, der von

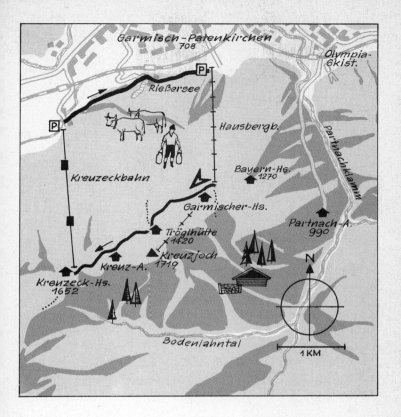

rechts, vom Rießersee, heraufkommt. Weiter wandern Sie (Markierung: KE) unter dem Kreuzjoch westwärts. Sie passieren das Gasthaus Kreuz-Alm, und im »Hexenkessel« heißt es noch etwas steiler ansteigen. Nach einer guten Stunde stehen Sie dann am Kreuzeck (1652 m, 1¼ Std., AV-Hütte, bewirtschaftet).

Rückkehr 1. Zu Fuß durch schöne Wiesen von der Kreuzeck- zur Hausberg-Talstation wandern (½ Std.). 2. Mit der Kreuzeckbahn und Bus nach Garmisch zurückkehren. 3. Auf dem Anstiegsweg wieder zur Hausbergbahn spazieren (¾ Std.) und in deren Gondel ins Tal schweben.

12 Kreuzeck — Rießersee

Schattige Bergwanderung abwärts, die durch Hochwald unter dem Kreuzeck ins Tal zieht. Der Aufstieg erfolgt mit der Seilbahn.

Charakter Eine nicht schwierige, aber doch recht beachtliche Wanderung mit stolzen 950 m Höhenunterschied

Erreichte Höhe 1652 m

Gehzeit 3 Std.

Beste Jahreszeit Juni—Winteranfang

Wanderkarte Topographische Karte 1:50 000, Blatt Werdenfelser Land, Bayerisches Landesvermessungsamt

Besonderer Hinweis Bademöglichkeit im Rießersee

Talort Garmisch-Partenkirchen, 708 m

Ausgangspunkt Bergstation der Kreuzeckbahn

Parken Parkplatz an der Talstation

Bergbahn Kreuzeckbahn (Kabine) 767 m — 1641 m; 1. Auffahrt 8.15 Uhr, Bus zur Talstation alle 20 Minuten

Abstieg Wer zum erstenmal aus der Kreuzeck-Bergstation ins Freie tritt, kann wohl nicht umhin, die Alpspitze mit ihrer markanten Nordwand, die hier zum Greifen nahe in die Höhe schießt, gebührend zu bewundern. Neben der Seilbahnstation steht das Kreuzeck-Haus (1652 m, AV-Hütte, bewirtschaftet). Wenn Sie sich dann auf den Weg machen, steigen Sie zuerst durch den »Hexenkessel«, im Winter ein vielbefahrenes Skigelände, nach Osten ab (Markierung: KE). Vorerst wandern Sie

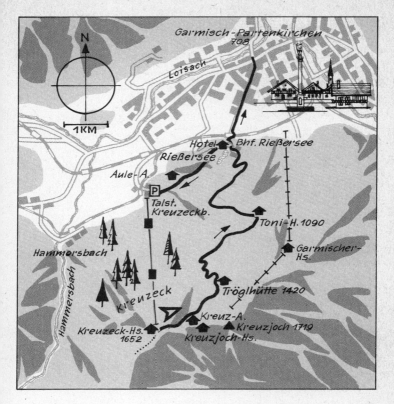

noch recht flach durch offenes Waldgelände an der Kreuz-Alm vorbei zur Tröglhütte (1420 m, privat). Nun aber geht es ein Stück steiler weiter. Auf gutem Weg (scharf links, Markierung: KE 1), durch angenehm schattigen Hochwald und über schöne Bergwiesen zur Toni-Hütte (1090 m, bewirtschaftet). Hier heißt es, dem Fahrweg (für Kfz gesperrt) zu folgen, der in weitem Bogen nach Westen (Markierung: KE 1) zum Schluß zur Aule-Alm zieht. Sie verlassen den Fahrweg kurz nach einer Nordostschleife (markiert) in spitzem Winkel nach rechts und erreichen auf einem Fußweg, der teilweise an der Olympia-Bobbahn entlangführt, den idyllischen Rießersee. Dann steuern Sie flach nach Westen an der Aule-Alm vorbei zur Kreuzeckbahn.

13 Ecken-Hütte

*Wanderung über die Sonnenhänge am Wank, die große Aus-
blicke auf das Wettersteinmassiv gestattet. Eine recht ruhige
Runde.*

Charakter   Leichte und bequeme Wanderung

Erreichte Höhe   1050 m

Gehzeit   2^1/$_2$ Std. – Aufstieg 1^1/$_2$ Std. – Abstieg 1 Std.

Beste Jahreszeit   Mai–Winteranfang

Wanderkarte   Topographische Karte 1:50 000, Blatt Werdenfelser Land, Bayerisches Landesvermessungsamt

Talort   Garmisch-Partenkirchen, 708 m

Ausgangspunkt   Talstation der Wankbahn

Parken   Kleiner Parkplatz an der Talstation der Wankbahn;
Parkmöglichkeiten in den angrenzenden Straßen

Aufstieg   Von der Wankbahn-Talstation gehen Sie erst einmal ungefähr 300 m nach Osten. Nun müssen Sie auf den nach
links abzweigenden Weg (Markierung: FS 1) in die Schalmei-
schlucht treffen. Sie durchwandern diese klammartige Schlucht
und steigen anschließend in Serpentinen zur schön gelegenen
Gams-Hütte auf (1 Std., bewirtschaftet). Über freie Wiesen erreichen Sie mit Hilfe einiger Kehren (Markierung: W 5) die
Ecken-Hütte (½ Std., nicht bewirtschaftet) und damit den höchsten Punkt dieser Wanderung. Ein Blick auf den Wettersteinkamm, und es kann weitergehen.

Abstieg   Sie ziehen erst einmal auf dem flachen Pfad nach
Westen, queren dabei den Kesselgraben und steuern auf die

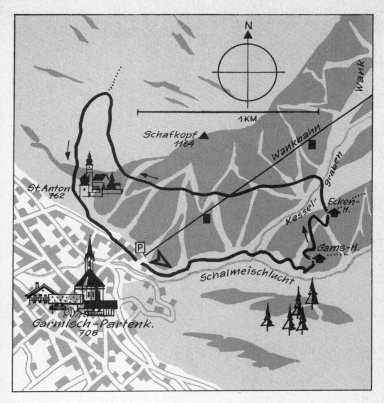

Seile der Wankbahn zu. Der Weg wird sichtlich breiter und zeigt fallende Tendenz. Haben Sie die Bergbahn-Tragseile unterlaufen, geht es weiter abwärts. Sie machen dann einen langgezogenen Bogen, mehr nach Norden, und erreichen durch Föhrenwald den Ziehweg (Markierung: K 6), der von der Esterberg-Alm über die Daxkapelle nach Garmisch zieht. Sie folgen dem Weg nach links und kommen über die Klosterkirche St. Anton (sehenswert) und den Stationsweg zurück zur Wankbahn-Talstation (1 Std.).

14 Wank

Abwechslungsreicher Abstieg vom Partenkirchener Sonnenberg durch das recht einsame Hochtal des Esterberges. Schöner Rastplatz: Esterberg-Alm.

Charakter Anspruchsvolle Wanderung: 1000 Höhenmeter

Erreichte Höhe 1780 m

Gehzeit 2½ Std.

Beste Jahreszeit Mai—Winteranfang

Wanderkarte Topographische Karte 1:50 000, Blatt Werdenfelser Land, Bayerisches Landesvermessungsamt

Talort Garmisch-Partenkirchen, 708 m

Ausgangspunkt Bergstation der Wankbahn

Parken Kleiner Parkplatz an der Talstation der Wankbahn; Parkmöglichkeiten in den angrenzenden Straßen

Bergbahn Wankbahn (Kabine) 740 m — 1765 m; 1. Auffahrt um 9 Uhr

Abstieg Erst müssen Sie sich auf dem großen, flachen Gipfel umsehen. Denn neben dem Wankhaus (DAV-Hütte) sind noch ein schönes Gipfelkreuz, eine Panoramatafel und die bioklimatische Forschungsstelle zu finden — und der Blick auf das Wetterstein, sehr sehenswert. Dann kann's losgehen. Über schöne Wiesen folgen Sie dem markierten Weg nach Osten zu dem »Roßwank« genannten Bergrücken. Hier ist nach Norden zu drehen und über steilere Geländestufen und teilweise durch Wald zum lange vorher sichtbaren Gasthaus Esterberg-Alm abzusteigen. Eine Reihe kurzer Serpentinen erleichtert den

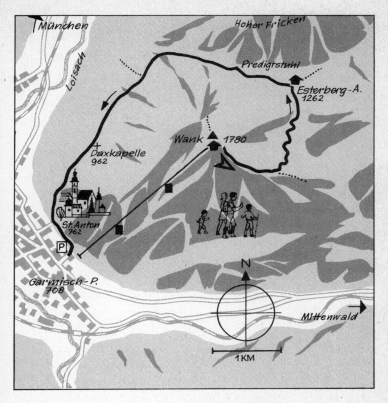

Abstieg in das romantische Hochtal (1262 m, 1¼ Std.). Der ideale Platz für einen ausgedehnten Aufenthalt. Soll es dann nach Garmisch zurückgehen, ziehen Sie erst nach Westen (Markierung: W 1), dabei ist sogar noch ein paar Schritte aufzusteigen. Der Predigtstuhl, ein Felsblock, wird passiert, um dann in einem Zug Garmisch anzusteuern. Zunächst zieht der recht ordentliche Weg weiter nach Westen, später schließlich nach Süden und geradewegs an der Daxkapelle vorbei auf dem breiten Ziehweg (Markierung: K 6) zur sehenswerten Klosterkirche St. Anton. Am Stationsweg entlang machen Sie die letzten Schritte bergab und sind dann bald an der Talstation der Wankbahn (1¼ Std.).

15 Gerolder-Alm

Eine sehr reizvolle und einsame Bergwanderung, die rund um den ganzen Wank führt. Schöne Rastplätze: Esterberg-Alm und Gschwandtnerbauer.

Charakter Anspruchsvolle lange, jedoch leichte Wanderroute

Erreichte Höhe 1262 m

Gehzeit 5 Std. — Aufstieg 3 Std. — Abstieg 2 Std.

Beste Jahreszeit Juni—Winteranfang

Wanderkarte Topographische Karte 1:50 000, Blatt Werdenfelser Land, Bayerisches Landesvermessungsamt

Talort Garmisch-Partenkirchen, 708 m

Ausgangspunkt Pfarrkirche von Partenkirchen

Parken In der Sonnenbergstraße und Umgebung

Aufstieg Von der Pfarrkirche in Partenkirchen marschieren Sie erst durch die Sonnenbergstraße zum Stationsweg und zur Klosterkirche St. Anton (sehenswert). Ein guter Ziehweg (Markierung: K 6) bringt Sie zur Daxkapelle. Sie folgen weiter dem Forstweg (Markierung: W 1) noch etwas nach Norden und schwenken dann nach Osten, um nach Passieren des Predigtstuhls, eines Felsblocks, an der Esterberg-Alm (1262 m, 1½ Std., Gasthof) zu landen. Nun pilgern Sie in diesem reizvollen Hochtal über flache Almwiesen nach Nordosten, nehmen bei der Weggabel nach etwa 200 m den Steig (Markierung: KRE) nach rechts (links geht's zum Krottenkopf), um dem Lauf des Finzbaches zu folgen. Leicht abwärts, bequem, sehr einsam und viele Bäume kennzeichnen den Weg. Beim nächsten Abzweig in einer Waldlichtung (1077 m) gehen Sie nach rechts über die

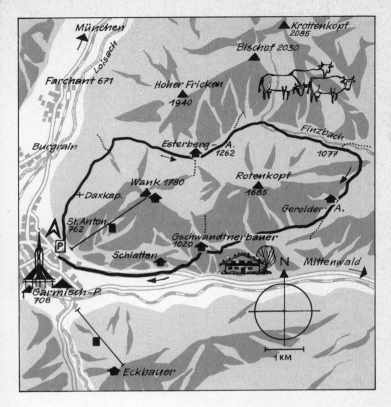

Brücke und steuern nun (Markierung: KRG) zur Gerolder-Alm
(1½ Std., nicht bewirtschaftet).

Abstieg   Nun wandern Sie sichtlich das Tal hinaus. Sie halten
sich bei der Weggabel rechts und erreichen durch Hochwald,
zum Schluß auf dem Weg mit der Markierung KGG und K 10,
den Gasthof Gschwandtnerbauer (1020 m, 1 Std.). Über Wiesengelände abwärts (Markierung: K 10) treffen Sie auf den
Weiler Schlattan, folgen der alten Römerstraße — rechts liegt
die staatliche Vogelschutzwarte — und gelangen über das
»Alte Mittenwalder Gsteig« in die Partenkirchner Ludwigs-
straße und zur Pfarrkirche (1 Std.).

16 Eckbauer

Sehr abwechslungsreiche und beliebte Bergwanderung zum Eckbauer, einem schönen Aussichtsplatz vor dem Wettersteinkamm.

Charakter Eine recht lange und ausgedehnte Wanderung, die 500 Höhenmeter Aufstieg und genausoviel Abstieg bringt

Erreichte Höhe 1238 m

Gehzeit 4 Std. — Aufstieg 2 Std. — Abstieg 2 Std.

Beste Jahreszeit Mai—Winteranfang

Wanderkarte Topographische Karte 1:50 000, Blatt Werdenfelser Land, Bayerisches Landesvermessungsamt

Besonderer Hinweis Wer seine Leistungsfähigkeit überschätzt, kann den Rückweg vom Eckbauer mit dem Sessellift bewältigen

Talort Garmisch-Partenkirchen, 708 m

Ausgangspunkt Olympia-Skistadion

Parken Parkplätze an der Talstation der Eckbauerbahn und am Olympia-Stadion

Aufstieg Vom Olympia-Skistadion (mit Ortsbus oder Pkw zu erreichen) wandern Sie flach auf dem Parade-Wanderweg (Markierung: P) zum Gasthaus Partnachklamm (½ Std.). Oder Sie fahren des Spaßes wegen mit dem Fiaker (Pferdedroschke). Bequeme nehmen hier die automatische Gondelbahn bis Vordergraseck. Sie aber pilgern bis zum Klammeingang und steigen nach links auf dem Klammsteg und über die 70 m hohe Klammbrücke zum Gasthof Vordergraseck (900 m, ¾ Std.). Ein schöner Weg (Markierung: P 6) führt nach Süden bis Mitter-

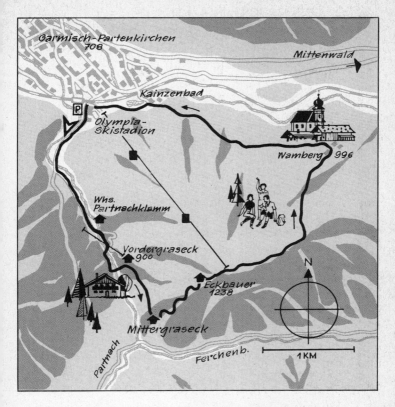

graseck, wo Sie sich an der Abzweigung nach links halten und über den nach Nordosten ziehenden Waldrücken (Serpentinen) zum Eckbauer gelangen (1238 m, ³/₄ Std.).

Abstieg An der Bergstation der Eckbauer-Sesselbahn (bequeme Rückkehr nach Garmisch) vorbei ziehen Sie nach Osten (Markierung: WB 1) über Wiesengelände abwärts, schwenken nach Norden, bis Sie zur Ortschaft Wamberg kommen (996 m, 1 Std.). Jetzt wenden Sie sich nach Westen und folgen einem Fahrweg (für Kfz gesperrt) durch Wiesen und Wälder (Markierung: WB). Am Schwimmbad »Kainzenbad« vorbei erreichen Sie dann Ihren Ausgangspunkt beim Olympia-Skistadion (1 Std.).

41

17 Jagdschloß am Schachen

Ein Jagdschloß König Ludwig II., im maurischen Stil, ist das Ziel dieser schattigen Wanderung unter der Wettersteinwand. Ein- oder Zwei-Tagestour.

Charakter Bequeme, aber sehr lange Bergwanderung mit 850 m Höhenunterschied

Erreichte Höhe 1866 m

Gehzeit 6 Std. — Aufstieg 3½ Std. — Abstieg 2½ Std.

Beste Jahreszeit Juni—Oktober

Wanderkarte Topographische Karte 1:50 000, Blatt Werdenfelser Land, Bayerisches Landesvermessungsamt

Besonderer Hinweis Übernachtungsmöglichkeit im Schachenhaus; Führung durch das Schachenschloß bei Bedarf; sehenswerter Pflanzengarten

Talort Garmisch-Partenkirchen, 708 m

Ausgangspunkt Schloß Elmau, 1010 m. Anfahrt: Von Garmisch mit dem Auto auf der Bundesstraße 2 in Richtung Mittenwald, 8 km nach Klais, nun auf der Mautstraße (gebührenpflichtiger Fahrweg) 7 km nach Elmau; noch mit dem Auto rechts am Schloß vorbei, über den Ferchenbach

Parken Am Schlagbaum

Aufstieg Sie folgen zuerst einmal ein gutes Stück der Forststraße (Markierung: S 1), die sich am Kaltenbach entlangschlängelt und zweimal das Ufer wechselt. Nach knapp 3 km und etwa 150 m höher ist an der Weggabel nach links (Markierung: S) abzubiegen. Der immer breite Weg zieht nun direkt

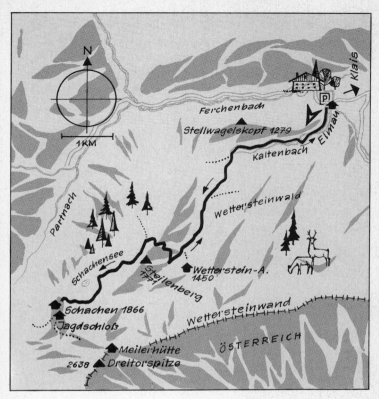

nach Süden. Man kommt schon ordentlich höher, und schöner lichter Hochwald macht das Wandern zum Spaß. Ist das Hochtal erreicht, können Sie nach links in 5 Minuten zur Wetterstein-Alm (1450 m, 1³/₄ Std., einfach bewirtschaftet) gelangen. Eine gute Gelegenheit zum Rasten. Anschließend weiter auf dem breiten Steig — Königsweg genannt — in Serpentinen, um den Steilenberg herum und am Schachengatterl vorbei (rechts unten liegt der kalte Schachensee). Zuletzt steigen Sie durch blockübersätes Almgelände zum Schachenhaus (1³/₄ Std., Gasthaus, bewirtschaftet und Übernachtungsmöglichkeit).

Abstieg Er erfolgt über die Aufstiegsroute (2¹/₂ Std.).

18 Schloß Elmau

Beschauliche Talwanderung, die kaum Höhenunterschiede auf-
weist und durch eine idyllische Almlandschaft und an Ferchen-
und Lautersee vorbeiführt.

Charakter   Sehr leichte und bequeme Wanderroute

Gehzeit   3½ Std.

Beste Jahreszeit   Mai—Winteranfang

Wanderkarte   Topographische Karte 1:50 000, Blatt Werdenfelser Land, Bayerisches Landesvermessungsamt

Besonderer Hinweis   Bademöglichkeiten im Lauter- und Ferchensee

Talort   Mittenwald, 913 m

Ausgangspunkt   Abzweigung der Fahrstraße nach Leutasch
am Südende von Mittenwald

Parken   Am besten in der Ortsmitte, dann sind bis zum Ausgangspunkt 10 Minuten und nach der Rückkehr mit der Bahn
vom Bahnhof ebenfalls 10 Minuten zu gehen

Wanderung   Auf der Straße nach Leutasch ist erst einmal in
einigen Minuten bis zur ersten großen Kehre zu marschieren.
Hier gehen Sie beim Schrankenhäuschen auf der Forststraße
(für Kfz gesperrt) geradeaus (Westen) weiter — nicht mehr der
Fahrstraße folgen. Rechts und etwas unterhalb bleibt der
Mittenwalder Kurpark zurück, wenn Sie nun gemütlich durch
lockeren Wald und mit mäßiger Steigung aufwärts wandern.
Nach einer guten halben Stunde passieren Sie den Lautersee
(Gasthaus, Baden). Er bleibt rechts unten liegen, so Sie Baden
und Brotzeit noch etwas zurückstellen. Bald ist der höchste

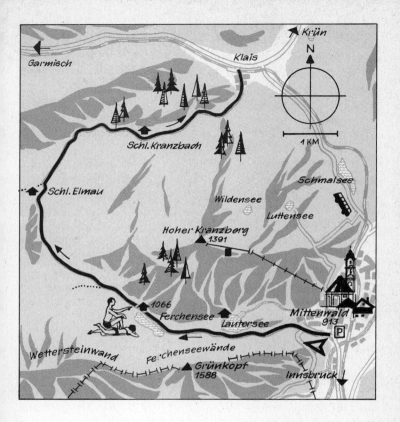

Punkt zwischen den beiden Seen erreicht, und leicht abwärts
schlendern Sie zum Ferchensee (1¼ Std.) mit Gasthaus und
Badeanstalt. Auf dem Fahrweg ziehen Sie weiter nach Nordosten (Markierung: EF). Nach etwa 1 km zweigt nach links der
Bannholzweg ab, er führt zum Schachenhaus, während Sie
weiter am Ferchenbach entlang und am Elmauer Kreuz vorbei
zum Schloß Elmau (1 Std.) kommen. Durch schöne Wiesen
wandern Sie nun langsam das Tal hinaus (Markierung: KE). Es
geht kurz etwas aufwärts, dann erreichen Sie das Schloß Kranzbach (links). Zuletzt am Kranzbach entlang nach Klais (1¼ Std.).
Nach Mittenwald mit Bundesbahn oder Postomnibus.

19 Hoher Kranzberg

Beliebte und belebte Wanderung vom Hohen Kranzberg, an Ferchen- und Lautersee vorbei nach Mittenwald. Auffahrt mit der Bergbahn.

Charakter Leichte und bequeme Wanderroute

Erreichte Höhe 1391 m

Gehzeit 2½ Std.

Beste Jahreszeit Mai—Winteranfang

Wanderkarte Topographische Karte 1:50 000, Blatt Werdenfelser Land, Bayerisches Landesvermessungsamt

Besonderer Hinweis Bademöglichkeiten im Ferchen- und Lautersee; Brotzeit in einer Ausflugsgaststätte am See

Talort Mittenwald, 913 m

Ausgangspunkt Bergstation des Kranzbergliftes

Parken Im »Gries«, 5 Minuten von der Talstation des Kranzbergliftes

Bergbahn Kranzberglift (Sessel) 933 m—1220 m; Kranzbergbahn (Gondel) 1240 m — 1390 m, 1. Auffahrt 8.45 Uhr

Abstieg Zuerst gehen Sie einmal von der Bergstation zum Gasthaus auf dem Gipfel des Hohen Kranzberg. Ein gut markierter Weg zieht hier recht flach und bequem nach Südwesten. Am Anfang begleiten Sie Latschen links und Latschen rechts, später pilgern Sie durch lichten Wald bis zum Ufer des Ferchensees (1 Std., Gasthaus, Badeanstalt). Zwei Wege, die kreuzen, sind ohne Bedeutung. Auf der Forststraße (für Kfz ge-

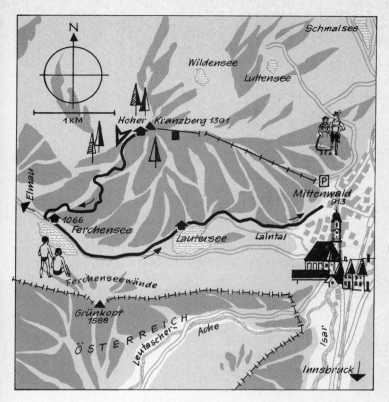

sperrt) steuern Sie dann das nächste Ziel, den Lautersee, an.
Nach einem kurzen Aufstieg — Sie folgen der Straße nach Mittenwald — kommen Sie in eine bewaldete Einsattelung. Hier ist
nach links abzubiegen und etwas zum Lautersee abzusteigen
($^3/_4$ Std., Gasthaus, Badeanstalt). Hat die notwendige Erfrischung (Baden und Trinken) und Erholung stattgefunden, ist
auf dem bereits zum See eingeschlagenen Weg weiterzuwan-
dern. Bei der nächsten Abzweigung halten Sie sich links und
gelangen in das Laintal, das schon stark die Formen einer
Felsklamm annimmt. Dann führt Sie der schöne Wanderweg
an einem prächtigen Wasserfall vorbei und zurück nach Mittenwald ($^3/_4$ Std.).

20 Hochland-Hütte

*Ausgedehnte Bergwanderung, die direkt unter so markante
Karwendelgipfel wie Wörner und Tiefkarspitze führt. Großer
Höhenunterschied: 700 m.*

Charakter   Sehr anspruchsvolle und lange Bergwanderung

Erreichte Höhe   1630 m

Gehzeit   4¹/₂ Std. — Aufstieg 2¹/₂ Std. — Abstieg 2 Std.

Beste Jahreszeit   Mai—Winteranfang

Wanderkarte   Topographische Karte 1:50000, Blatt Werdenfelser Land, Bayerisches Landesvermessungsamt

Besonderer Hinweis   Diese Tour ist nur Autofahrern zu empfehlen, da sonst zu langer Anmarsch

Talort   Mittenwald, 913 m

Ausgangspunkt   Brücke der neuen Bundesstraße 11 über den
Kälberalpelbach, unmittelbar östlich der Gebirgsjägerkaserne

Parken   400 m nördlich des Ausgangspunktes, Parkplatz „Café
Marmorbruch"

Aufstieg   Von der Brücke zieht der gute Weg erst einmal recht
steil auf der Nordseite des Baches aufwärts. Hat man etwas an
Höhe gewonnen, geht es flacher und gemütlicher immer am
Bach entlang. Bei der ersten Weggabel gehen Sie nach links
(der Weg nach rechts führt zur Unteren Kälber-Alm) und folgen
dem Talverlauf. An der zweiten Wegteilung (1¹/₄ Std.) dagegen
schwenken Sie nach rechts und biegen in den Talboden des
Anderkarbaches ein. Erst folgen Sie ein Stück dem Bachlauf
nach Südosten, um dann in kurzen Serpentinen nach Nord-

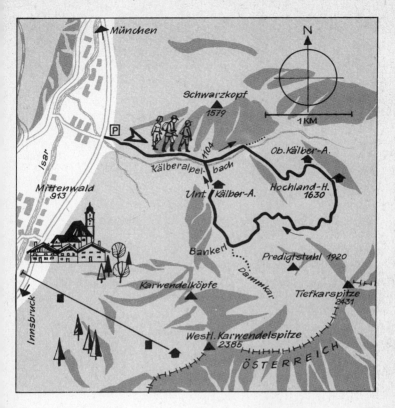

osten durch lichten Hochwald die Obere Kälber-Alm zu errei-
reichen. Der Rest des Weges führt über einen Waldrücken zur
Hochland-Hütte (1630 m, 1¼ Std., einfach bewirtschaftet).

Abstieg Von der Hütte marschieren Sie nach Süden, direkt auf
die Tiefkarspitze zu. Der Steig quert dann unter dem Steinklip-
pengrat durch, passiert das Mitterkar und zieht den »Larchet-
stock« — ein ausgedehnter Waldhang — hinunter. Waagrecht
zum Rastplatz »Bankerl« (1¼ Std.). Nun auf dem Fahrweg das
Tal hinaus und beim Abzweig zur Unteren Kälber-Alm nach
rechts. Nach der Alm queren Sie den Kälberalpelbach. Auf dem
Aufstiegsweg wieder zum Ausgangspunkt (¾ Std.).

21 Dammkar-Hütte

Einsame Bergwanderung unter dem senkrechten Absturz der Viererspitze-Nordwand. Eindrucksvolle Hochgebirgskulisse. Großer Höhenunterschied: 700 m.

Charakter   Anspruchsvolle Wanderung

Erreichte Höhe   1659 m

Gehzeit   4 Std. — Aufstieg 2½ Std. — Abstieg 1½ Std.

Beste Jahreszeit   Juni—Winteranfang

Wanderkarte   Topographische Karte 1:50000, Blatt Werdenfelser Land, Bayerisches Landesvermessungsamt

Talort   Mittenwald, 913 m

Ausgangspunkt   Talstation der Karwendelbahn

Parken   Parkplatz an der Talstation

Aufstieg   Durch eine Unterführung wird die Bundesstraße 11 gequert und dem markierten Weg zur Mittenwalder-Hütte gefolgt, bis zum Beginn eines Geröllgrabens (¼ Std., Erzgrube). Die Rinne nun nicht queren, sondern am linken Rand aufwärts steigen, bis Sie unter einer Felswand — hier machen die Mittenwalder Gebirgsjäger ihre Kletterübungen — auf einen Steig treffen. Der zieht in vielen Serpentinen durch lockeren Hochwald nach Norden und bald unter den mächtigen Abbrüchen der Viererspitze hindurch. Dabei geht es einige Zeit recht steil aufwärts. Läßt die Steigung dann später nach — das Atmen fällt sichtlich leichter, und man kommt auch wieder mehr zum Schauen — erreichen Sie bald einen bewaldeten Rücken. Hier macht der Weg eine starke Biegung nach rechts, und leicht abwärts kommen Sie zum Rastplatz »Bankerl« (1¼ Std.). Ein

breiter Weg mit vielen Kehren bringt Sie dann auf dem Latschenrücken zur Dammkar-Hütte (1659 m, 1 Std., bewirtschaftet). Hochalpine Bergkulisse!

Abstieg Bis zum »Bankerl« folgen Sie dem Aufstiegsweg. Jetzt aber halten Sie sich an den Fahrweg (für Kfz gesperrt), der Sie in einem großen Bogen, aber sehr bequem zur Talstation zurückführt.

22 Holzer-Alm

Beschauliche Wanderung durch viel Hochwald. Eine sehr ruhige Route, man kann schon sagen richtig still, und einige ausgesprochen romantische Ausblicke.

Charakter   Sehr leichte und auch nicht übermäßig lange Wanderung

Erreichte Höhe   1210 m

Gehzeit   2¹/₂ Std. — Aufstieg 1¹/₂ Std. — Abstieg 1 Std.

Beste Jahreszeit   April — Winteranfang

Wanderkarte   Topographische Karte 1:50000, Blatt Mangfallgebirge, Bayerisches Landesvermessungsamt

Talort   Bad Wiessee, 735 m

Ausgangspunkt   Parkplatz am Golfgelände am Nordrand von Bad Wiessee (Schild „Golf" folgen)

Parken   Großer Parkplatz am Golfgelände

Aufstieg   Auf einem breiten Fahrweg marschieren Sie durch das Golfgelände, treffen bald auf den ersten Wegweiser, der nach „Holz" deutet. Nur 5 Min. später schafft ein größerer Schilderbaum Klarheit. Das oberste Schild von dreien „Holzer-Alm 1³/₄ Std., 1210 m" zeigt nach links. Wieder 5 Min. später verläßt man den Kiesweg nach rechts (Schild) und folgt einem markanten Fahrweg. An zwei weiteren Weggabeln (Schilder) jeweils nach rechts, dabei immer recht flott aufwärts. Nach ³/₄ Std. etwa erreicht man einen Kamm, es wird flach, und man kommt zur Winner-Alm (1025 m). Wenige Schritte dahinter queren Sie eine große Schneise, die nach rechts hinunterzieht und den Blick auf den Tegernsee freigibt. Weiter geht es noch einmal etwas steiler

aufwärts, nun auf einem schmalen Wanderweg. Nach einem Viehgatter — rechts ein Jägerstand — ist man dann schnell am Ziel. Die Holzer-Alm ist nicht bewirtschaftet, aber vor dem Haus steht ein großer Brunnen, gut gegen den Durst. Dahinter ein großer freier Hang mit einem Gipfelkreuz ohne Gipfel, mit einem Jägerstand und schönem Ausblick auf Tegernsee und Wallberg sowie auf Schildenstein, Halserspitze und Guffert.

Abstieg Üblicherweise auf dem Anstiegsweg. Bei trockenem Boden kann von der Winner-Alm auch über die Schneise direkt ins Tal abgestiegen werden, allerdings ohne Weg und Markierung.

23 Ringbergsattel

Ein schönes Stück Weg von Scharling über den Ringbergsattel,
auch Hirschlache genannt, nach Bad Wiessee am Tegernsee.

Charakter   Eine anspruchsvolle Wanderung

Erreichte Höhe   1298 m

Gehzeit   4 Std. — Aufstieg 2 Std. — Abstieg 2 Std.

Beste Jahreszeit   April—Winteranfang

Wanderkarte   Topographische Karte 1:50000, Blatt Mangfallgebirge, Bayerisches Landesvermessungsamt

Talort   Rottach-Egern, 736 m

Ausgangspunkt   Forsthaus »Zum Hirschberg« in Scharling,
mit dem Auto oder mit dem Bus Tegernsee—Kreuth zu erreichen, 4 km südlich von Rottach-Egern

Parken   In unmittelbarer Nähe des Ausgangspunktes

Aufstieg   Vom Forsthaus wandern Sie (Markierung: H) auf
dem Fahrweg durch Wiesen und Hochwald leicht ansteigend
nach Westen. Steigt das Tal dann stärker an, werden die Serpentinen länger. Und nach einer Stunde gehen Sie an der Weggabel nach rechts und folgen dem neuen Weg und seinen
langgezogenen Serpentinen. Der Weg nach links zieht direkt,
aber auch steiler zur Hirschlache. Recht bequem steigen Sie
weiter durch die Ringberg-Südhänge zum Ringbergsattel
(1298 m, 2 Std.), Hirschlache genannt. Hier ist die große Rast
fällig (kein Gasthaus). Starke Naturen können natürlich noch
zum Hirschberg-Haus hinaufsteigen (1510 m, ³/₄ Std.) und dort
die Füße zum Brotzeitmachen unter den Tisch stellen.

Abstieg Erst marschieren Sie einmal auf gleicher Höhe in Richtung Ringberg (Nordosten), biegen dann allerdings nach 600 bis 700 m nach links ab und wandern mal mehr, mal weniger steil nach Norden (gut markiert) bis zur Fahrstraße. Hier gehen Sie auf der Straße nach rechts und kommen bald zum »Bauer in der Au«, ein beliebtes Ausflugsziel inmitten schöner Almwiesen. Anschließend ziehen Sie am Söllbach entlang nach Abwinkel, einem Ortsteil von Bad Wiessee. Rückkehr mit Bus.

24 Buchstein-Hütte

Zum großen Teil eine recht harmlose Talwanderung bis zur Schwarzentenn-Alm. Erst im Schlußteil zur Hütte geht es richtig aufwärts.

Charakter Überwiegend bequeme, nirgends schwere Bergwanderung

Erreichte Höhe 1240 m

Gehzeit $3^{1}/_{2}$ Std. — Aufstieg 2 Std. — Abstieg $1^{1}/_{2}$ Std.

Beste Jahreszeit April — Winteranfang

Wanderkarte Topographische Karte 1:50 000, Blatt Mangfallgebirge, Bayerisches Landesvermessungsamt

Talort Kreuth, 786 m

Ausgangspunkt Bushaltestelle Königsalpe, zu erreichen mit dem Auto oder Bus nach 4 km Fahrt in Richtung Achenpaß

Parken Genügend Parkplätze am Ausgangspunkt

Aufstieg Sie folgen von der Haltestelle dem Fahrweg, der nach rechts und am Schwarzenbach entlang nach Nordwesten zieht. Recht flach und deshalb bequem pilgern Sie in Richtung Schwarzentenn-Alm, dabei wird der rechts stehende Leonhardstein passiert, und Sie kommen nach etwa einer Stunde zu einer Weggabel. Nach links beginnt der gute und markierte Steig, der in einigen großen Kehren Richtung Südwesten zur Buchstein-Hütte führt. Etwa 200 Höhenmeter sind zu überwinden, bevor Sie in der im Sommer bewirtschafteten Hütte eine Radlermaß hinunterzischen lassen können (1240 m, 2 Std.). Große Rast unter den Nordhängen von Roß- und Buchstein, den beliebten Münchner Ausflugszielen.

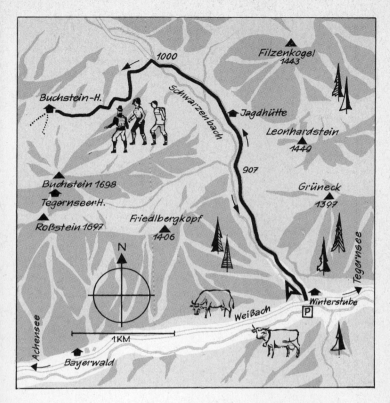

Abstieg Auf dem Anstiegsweg erfolgt auch die Rückkehr ins Schwarzenbachtal, zur Haltestelle Königsalpe und nach Kreuth. Unternehmungslustige können natürlich auf dem Fahrweg im Schwarzenbachtal nach links marschieren und über die Schwarzentenn-Alm und vorbei am »Bauer in der Au« nach Bad Wiessee wandern. Rückkehr mit Bus.

25 Durch die Langenau

Ausgedehnte Talwanderung in die Langenau. Eine einsame, wild- und waldreiche Wanderroute. Im Herbst machen sich die Hirsche stimmgewaltig bemerkbar.

Charakter Sehr leichte und sehr lange Wanderung

Erreichte Höhe 1222 m

Gehzeit 5 Std.

Beste Jahreszeit Mai — Winteranfang

Wanderkarte Topographische Karte 1:50 000, Blatt Mangfallgebirge, Bayerisches Landesvermessungsamt

Talort Kreuth, 786 m

Ausgangspunkt Bushaltestelle Wildbad Kreuth, zu erreichen mit dem Auto oder Bus nach 2 km Fahrt in Richtung Achenpaß

Parken Am Parkplatz Wildbad Kreuth

Wanderung Von der Bushaltestelle aus überqueren Sie gleich gegenüber die Weißach und folgen dem Fahrweg am Bach nach links. Sie passieren das Jägerhaus und treffen kurz nach dem Sagenbach auf den Fahrweg, der von Kreuth kommt. Sie ziehen nach rechts am Bach entlang (Markierung: K 9) und kommen nach einigen Kurven zur bewirtschafteten Schwaiger-Alm. Nun wandern Sie auf dem Fahrweg in das Tal hinein. Sie kommen am »Schwarzen Kreuz« (zum Andenken an einen vom Wilderer erschossenen Jäger) vorbei, halten sich am »Steinernen Kreuz« links weiter an den Fahrweg (Markierung: BB 1) und ziehen über die Langenau-Alm bis zur Holzstube (1071 m). Hier biegen Sie nach rechts ab und wandern im Süden des Langeck-

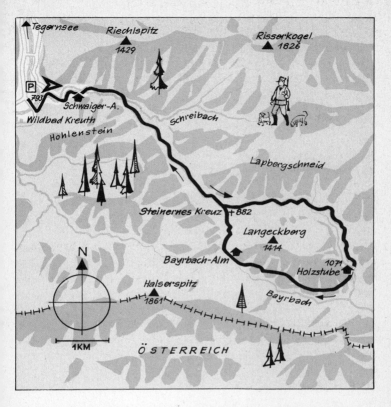

berges nach Westen zur Bayrbach-Alm (1222 m). Spätestens
hier am höchsten Punkt der Wanderung ist eine größere Rast
fällig. Kein Gasthaus. Anschließend kommt ein recht flotter Abstieg zurück in die Langenau. In vielen kurzen Serpentinen geht
es tiefer. Nach links kehren Sie erst nach Wildbad Kreuth, dann
nach Kreuth zurück.

26 Wallberg

Den Aufstieg bewältigt die Bergbahn. Sehr schöner Blick vom Wallberggipfel. Zwei Abstiege stehen zur Wahl. Lebhafter Betrieb, vor allem zwischen Gipfel und Bergstation.

Charakter Abwechslungsreiche und teilweise recht steile Abstiege; immerhin knapp 900 m Höhenunterschied

Erreichte Höhe 1722 m

Gehzeit Aufstieg ¼ Std. — Abstieg I: 2 Std. — Abstieg II: 3 Std.

Beste Jahreszeit Mai — Winteranfang

Wanderkarte Topographische Karte 1:50 000, Blatt Mangfallgebirge, Bayerisches Landesvermessungsamt

Talort Rottach-Egern, 736 m

Ausgangspunkt Mit Bus oder Auto zur Talstation der Wallbergbahn fahren (B 318 oder 318 a in Richtung Achenpaß)

Parken Großer Parkplatz an der Talstation

Bergbahn Wallbergbahn (4-Mann-Kabinen) 795—1620 m

Aufstieg An der Bergstation gehen Sie unter den Seilen der Bahn durch und steigen über leichtes Schrofengelände, zuletzt über Fels zum riesigen Gipfelkreuz.

Abstieg I (zur Talstation): Erst zur Bergstation zurück. Anschließend steigen Sie nach Süden am lange sichtbaren Wallberg-Kircherl vorbei und am Sessellift entlang zum Wallberg-Haus hinunter. Kurz vor dem Haus biegen Sie scharf nach rechts ab. Auf dem leichten, vorerst flachen, später in Serpentinen steileren Weg erreichen Sie wieder die Talstation (2 Std.).

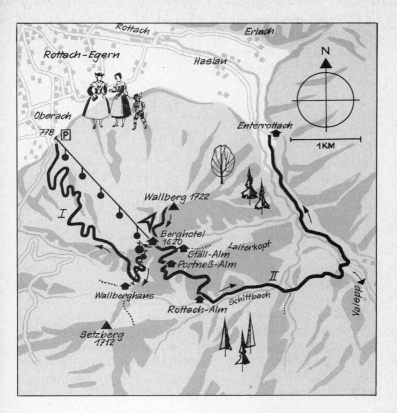

Abstieg II (nach Enterrottach): Erst zur Bergstation zurück. Hinter dem Berghotel gleich scharf nach links (Osten) gehen und auf dem guten Weg zur Gfäll-Alm absteigen. Hier scharf nach rechts und flott abwärts. An der Weggabel nach links ziehen und an der Portneß-Alm vorbei die Rottach-Alm ansteuern. Nun folgen Sie dem breiten Weg am Schiffbach entlang nach links zur Siebel-Jagdhütte und treffen schließlich auf die Straße Valepp—Enterrottach. Links nach Enterrottach. Rückkehr mit Bus.

27 Riederstein

Lustige Wanderung auf die Wald- und Wiesenbuckel im Osten des Tegernsees. Auf Wegen, die zu den Lieblingsrouten Ludwig Thomas zählten.

Charakter   Leichte, aber nicht kurze Bergwanderung

Erreichte Höhe   1207 m

Gehzeit   4 Std. — Aufstieg 2½ Std. — Abstieg 1½ Std.

Beste Jahreszeit   April — Winteranfang

Wanderkarte   Topographische Karte 1:50 000, Blatt Mangfallgebirge, Bayerisches Landesvermessungsamt

Talort   Tegernsee, 732 m

Ausgangspunkt   Vom Bahnhof Tegernsee die Bahnhofstraße hinunter, an der Waldschmidstraße vorbei und links in die Lärchenwaldstraße hinein, anschließend nochmals nach links in die Kleinbergstraße, um dann auf dem Sonnenleitenweg mit dem Anstieg zu beginnen

Parken   Parkplätze beim Bahnhof

Aufstieg   Sie gehen nach rechts, an einem kleinen Skilift vorbei und weiter zum Pfliegelhof. Nun Richtung Süden (Markierung: T 4) wandern und bald nach Osten schwenken. Durch die Südhänge des langgezogenen Pfliegelecks steigen Sie dann zum Berggasthaus Galaun (1100 m) hinauf. An der Weggabel gleich hinter dem Gasthaus nehmen Sie den linken Weg und steigen durch Hochwald auf dem bequemen Treppenkreuzweg zum Kirchlein, das auf dem Riederstein (1207 m) steht, einem Felszahn, der weithin sichtbar ist. Das heißt, daß man auch selber einen weiten Ausblick hat.

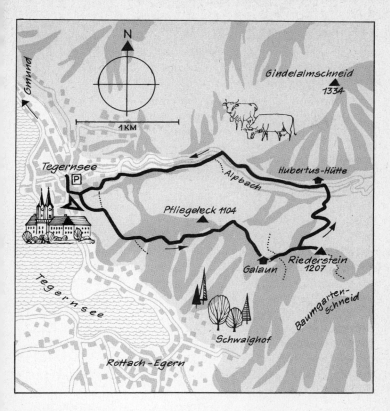

Abstieg Erst auf dem Anstiegsweg zurück bis zur bekannten Weggabel. Jetzt aber nach rechts (nach links geht es zum Gasthaus Galaun), dann kommen Sie auf langgezogenen Serpentinenwegen nach Norden zur unbewirtschafteten Hubertus-Hütte (934 m). Die letzte Etappe führt dann durch das Alpbachtal nach Tegernsee zurück.

28 Schliersee — Tegernsee

Ruhige Fahrwege und schattige Waldwege, darunter auch der Prinzenweg, verbinden den Tegernsee mit dem Schliersee. Rückkehr etwas umständlich mit dem Bus.

Charakter Leichte und bequeme, aber keineswegs kurze Wanderung zwischen den Seen

Erreichte Höhe 1153 m

Gehzeit 4 Std. — Aufstieg 2 Std. — Abstieg 2 Std.

Beste Jahreszeit April — Winteranfang

Wanderkarte Topographische Karte 1:50000, Blatt Mangfallgebirge, Bayerisches Landesvermessungsamt

Talort Schliersee, 784 m, oder Tegernsee, 732 m

Ausgangspunkt Bahnhof Schliersee

Parken Am Bahnhof

Aufstieg Vom Bahnhof in Schliersee nehmen Sie entweder den Tegernseer- oder den Mühlweg, die in Richtung Hausham führen. Sie gehen nach links über die Schlierach, um an der Kreuzung, nach gut 150 m, nicht nach rechts — nach Abwinkl — sondern geradeaus in das schöne Breitenbachtal zu marschieren. Sie passieren bald die Siedlung Breitenbach, treffen auf einzelne Häuser von Krainsberg und erreichen, immer am Breitenbach entlang, die Hennerer-Au (1 Std.). Sie bleiben auf dem Fahrweg (nach rechts zieht ein Weg zur Gindel-Alm hoch) und steigen im Stadeltal — es geht nun etwas stärker aufwärts — durch schattigen Wald zum Sagfleckl (1153 m, 1 Std.) hinauf. Damit ist der höchste Punkt dieser Wanderung erreicht.

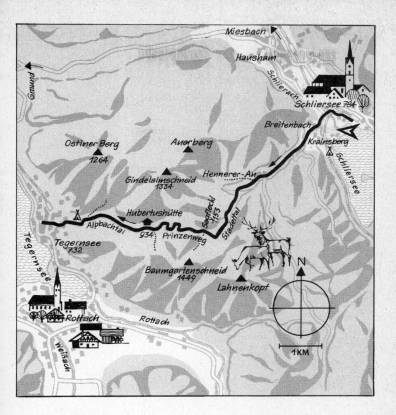

Abstieg Er beginnt mit dem Prinzenweg, der genau in Richtung Westen, in Richtung Tegernsee zielt. Ist hier der Abstieg anfangs etwas flotter, so ändert sich das dann, wenn Sie in den Fahrweg einbiegen, der Sie flacher und recht schnell zur unbewirtschafteten Hubertushütte (934 m, 1 Std.) führt. Das letzte Stück dieser Wanderung verläuft zwischen den Seen. Im Alpbachtal pilgern Sie nach und zum Tegernsee (732 m, 1 Std.) hinunter. Die Rückkehr nach Schliersee zum Ausgangspunkt kann mit dem Linienbus Tegernsee—Kufstein erfolgen.

29 Gindel-Alm

Schöne Waldwanderung über harmlose Vorgebirgsbuckel. Die Rast auf der Gindel-Alm und vielleicht der Aufstieg auf die Gindelalmschneid krönen das Ganze.

Charakter Leichte, bequeme, nicht ganz kurze Bergwanderung

Erreichte Höhe 1242 m

Gehzeit 4 Std. — Aufstieg 2½ Std. — Abstieg 1½ Std.

Beste Jahreszeit Mai — Winteranfang

Wanderkarte Topographische Karte 1:50 000, Blatt Mangfallgebirge, Bayerisches Landesvermessungsamt

Talort Schliersee, 784 m

Ausgangspunkt Bahnhof Schliersee

Parken Am Bahnhof

Aufstieg Vom Bahnhof in Schliersee nehmen Sie entweder den Tegernseer Weg oder den Mühlweg, oder Sie halten sich an die Perfall- oder Schlierachstraße, die alle nach Abwinkl, also in Richtung Hausham, ziehen. Sie wandern flach und munter die Schlierach entlang, queren den Bach in Abwinkl nach links (W 9) und steigen nun erst einmal zur Huberbauer-Alm hinauf. Der Weg zieht im weiten Bogen nach Süden und führt nun in schönen Serpentinen zum Huberspitz (1048 m, 1½ Std.). Damit ist der Anfang des nach Westen ziehenden Kammes erreicht, und der Weg läuft jetzt wieder gemütlicher durch den schattigen Wald. Sie passieren im Auf und Ab — natürlich mehr Auf — den Rainer-Berg (1166 m) und zuletzt auch den Auerberg ohne großes Aufsehen, bevor Sie sich an der Gindel-

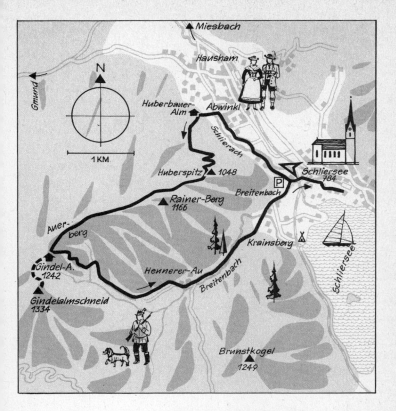

Alm (1242 m, 1 Std.) zur großen Brotzeit niederlassen. Können Sie hinterher noch eine Handvoll Luft erübrigen, dann steigen Sie noch auf die Gindelalmschneid (1334 m, ¼ Std.), werfen hier noch einmal einen Blick in die Runde, der schönen Aussicht wegen, und genießen noch diesen kleinen Höhepunkt.

Abstieg   Von der Gindel-Alm geht es nach Südosten ins schöne Breitenbachtal hinunter, bis Sie auf einen Fahrweg treffen, der Sie am Bach entlang von Au über Krainsberg und Breitenbach nach Schliersee zurückführt (1½ Std.).

30 Schliersberg-Alm

Ganz bequeme Wald- und Wiesenwege ziehen zur Schliersberg-Alm hinauf. Schöne Ausblicke auf den Schliersee. Es kann natürlich auch die Schliersbergbahn benützt werden.

Charakter   Leichte und recht kurze Wanderung

Erreichte Höhe   1082 m

Gehzeit   2½ Std. — Aufstieg 1 Std. — Abstieg 1½ Std.

Beste Jahreszeit   April — Winteranfang

Wanderkarte   Topographische Karte 1:50 000, Blatt Mangfallgebirge, Bayerisches Landesvermessungsamt

Talort   Schliersee, 784 m

Ausgangspunkt   Talstation der Schliersbergbahn

Parken   Parkplatz an der Talstation

Aufstieg   In Schliersee gehen Sie von der Ortsmitte (Ampel) aus nach Nordwesten in die Leitnerstraße, um direkt auf die Talstation der Gondelbahn zu stoßen. Hier nun, statt zur Kasse, folgen Sie nach rechts dem Dekan-Maier-Weg (Markierung: W 2), der in weitausholenden Serpentinen den Südwesthang hinaufzieht. So sie scheint, gibt es beim Aufstieg keinen Mangel an Sonne, und so macht sich auch der Durst, bis Sie zum Ziel kommen, recht massiv bemerkbar. Nach einer Stunde etwa haben Sie die Schliersberg-Alm (1055 m, Hotel) erreicht, und einer ausgedehnten Rast zum Schauen, Fotografieren und zum Trinken natürlich steht nichts mehr im Weg.

Abstieg   Erst steigen Sie noch etwas aufwärts und folgen dabei weiter der Markierung W 2 nach Osten. Großenteils durch

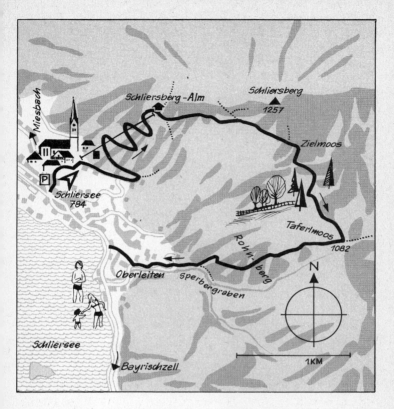

Wald und ohne große Steigungen wandern Sie, zuletzt der Markierung W 15 nach, zum Zielmoos. Anschließend zieht der Weg in leichten Bögen nach Südosten bis zum Taferlmoos (1082 m). Hier biegen Sie bei der Weggabel nach rechts ab und pilgern nun recht flott abwärts (Markierung: W 2) nach Westen, Richtung Schliersee. Haben Sie gute 200 Höhenmeter abwärts hinter sich, kommen Sie zu einem Fahrweg und kehren über Oberleiten nach Schliersee zurück.

31 Aurachköpfel

Waldreiche Wanderung, die auf schönen Fahr- und Waldwegen um das Aurachköpfel nach Fischhausen führt. Auf dem Rückweg wird die Ruine Hohenwaldeck besucht.

Charakter   Anspruchsvolle Vorgebirgswanderung

Erreichte Höhe   1218 m

Gehzeit   5 Std. — Aufstieg 2 Std. — Abstieg 3 Std.

Beste Jahreszeit   Mai—Winteranfang

Wanderkarte   Topographische Karte 1:50 000, Blatt Mangfallgebirge, Bayerisches Landesvermessungsamt

Talort   Schliersee, 784 m

Ausgangspunkt   Hotel Schlierseer Hof

Parken   Am Ausgangspunkt

Aufstieg   Am südlichen Ortsende von Schliersee (Richtung Bayrischzell) steht das Hotel Schlierseer Hof. Hier ist nach links in den Wiesenweg einzubiegen und bis zur Kreuzung an der Brücke zu gehen. Links vorbei und durch den Leitnergraben (Markierung: W 3 und W 4) zur Winterstube aufsteigen. Nun nach rechts (Markierung: 3) bis zur Weggabel mit der Forststraße und hier nach links ziehen (Markierung: 13). In einem großen Bogen umwandern Sie das Aurachköpfel, bis Sie in dessen Südflanke kommen und den Gipfel (1218 m, 2 Std.) ansteuern können.

Abstieg   Auf dem gleichen Weg steigen Sie zurück bis zur Forststraße und folgen ihr ins Tal. Zum Schluß bringt Sie der Dr.-Brodführer-Weg bis an die Bahnschranke nach Neuhaus

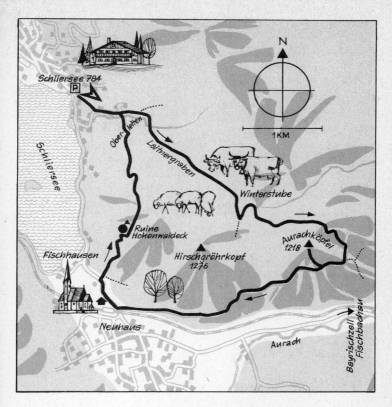

(1½ Std.). Gerade zur rechten Zeit, um einmal ausgiebig zu rasten, zu trinken und zu essen natürlich. Dann geht es noch einmal aufwärts. Auf der Neuhauser Straße marschieren Sie in Richtung Schliersee bis zum Gasthaus Niederwaldeck und folgen hier dem Weg (Markierung: 6) nach rechts, der recht flott zur Ruine Hohenwaldeck (1000 m) hinaufzieht. Schöner Blick auf den Schliersee. Ein kurzes Stück wandern Sie hoch über dem See weiter, bis es wieder abwärts und über die Oberleiten nach Schliersee zurückgeht (1½ Std.).

32 Moni-Alm — Stümpfling

Wanderung über Almböden und durch Wald. Der Weg führt auf einen der bekanntesten oberbayerischen Skibuckel. Natürlich kann auch die Sesselbahn in Erwägung gezogen werden.

Charakter   Anspruchsvolle Bergwanderung

Erreichte Höhe   1506 m

Gehzeit   4 Std. — Aufstieg 2¹/₂ Std. — Abstieg 1¹/₂ Std.

Beste Jahreszeit   Mai — Winteranfang

Wanderkarte   Topographische Karte 1:50 000, Blatt Mangfallgebirge, Bayerisches Landesvermessungsamt

Besonderer Hinweis   Gut nur mit dem Auto zu erreichen

Talort   Rottach-Egern, 736 m

Ausgangspunkt   Von Rottach fahren Sie mit dem Auto an der Rottach entlang nach Osten in das Rottachtal; wenn das Tal schmaler wird, passieren Sie Enterrottach und halten erst am Parkplatz des Sutten-Sesselliftes, dem Ausgangspunkt der Bergwanderung

Parken   Parkplatz an der Talstation der Suttenbahn

Aufstieg   Zuerst gehen Sie auf der Fahrstraße noch etwa 200 m weiter bis zur Moni-Alm. Nun biegen Sie nach links in den Fußweg ein, der zum Berggasthaus Bäcker-Alm führt. Im Bogen erst nach rechts, dann nach links gehen Sie unter einem kleinen Schlepplift durch, queren anschließend den Sutten-Sessellift und kommen nach einigen Privathütten zur Unteren Sutten-Alm. Jetzt steuern Sie die Obere Sutten-Alm an und nehmen dahinter das steilere Stück Weg zum Suttenstein (1401 m) in

72

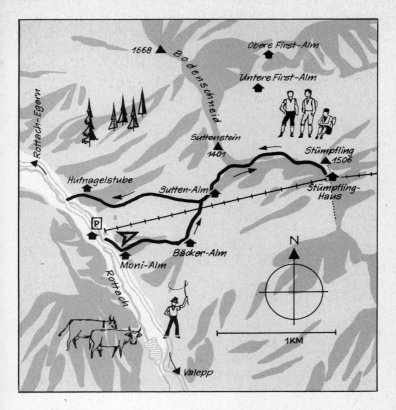

Angriff. Nach rechts und etwas unterhalb des Grates steigt man zuletzt zum Stümpflinggipfel (1506 m) hinauf. Kurzer Abstieg zum Stümpfling-Haus.

Abstieg Sie gehen einige Schritte in Richtung Stümpfling und ziehen dann mit der Skiabfahrt nach links über die mäßig steilen Hänge hinunter zur Oberen und Unteren Sutten-Alm, lassen diesmal den Lift links liegen und stoßen am Ende, wenn es nicht mehr abwärts geht, wieder auf die Fahrstraße. Etwas nach links, und Sie stehen wieder am Parkplatz des Suttenliftes.

33 Roßkopf

Vom bekanntesten Skiberg in der Runde, dem Stümpfling, wandert man zum Roßkopf und steigt am Grünsee vorbei zum Spitzingsee ab.

Charakter   Leichte und kurze Bergabwanderung

Erreichte Höhe   1580 m

Gehzeit   1½ Stunden

Beste Jahreszeit   Mai—Winteranfang

Wanderkarte   Topographische Karte 1:50 000, Blatt Mangfall-gebirge, Bayerisches Landesvermessungsamt

Talort   Schliersee, 784 m

Ausgangspunkt   Erst mit dem Bus oder mit dem Auto über die Spitzingstraße und am Spitzingsee entlang bis zur Wurz-Hütte am Südende des Sees fahren; rechts gleich die Talstation des Liftes

Parken   Große Parkplätze am See

Bergbahn   Lyra-Sessellift (Doppelsessel) 1120—1506 m

Abstieg   Bevor es aber richtig abwärts geht, sind knappe 80 Höhenmeter zum Roßkopfgipfel hinaufzusteigen. Vom Stümpf-ling-Haus an der Bergstation pilgern Sie nach Süden, zur Stümpfling-Alm, dann ein wenig nach links, und schon 20 Minu-ten später stehen Sie auf dem Roßkopfgipfel, ganze 1580 m hoch, auf einem breiten Grasbuckel. Nächstes Ziel ist dann der kleine Grünsee, der nicht allzuweit unterhalb des Roßkopfes die Farbe seiner Umgebung widerspiegelt. Wandern Sie in der gleichen Richtung nach Südosten weiter, so kommen Sie zur Haus-

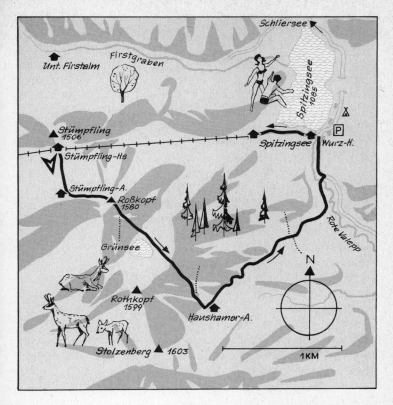

hamer-Alm unter den Nordhängen des Stolzenberges, ein ebenso bekannter Skiberg, wie fast alle Gipfel, die hier in der Runde stehen. Unsere Route macht nun an der Haushamer-Alm eine Wendung nach links und zieht nach Nordosten durch den Haushamer Graben weiter ins Tal. Der Weg verläuft überwiegend im Wald, bis Sie nahe der Valepp-Alm den Talboden erreichen. Auf der Fahrstraße marschieren Sie nun nach links und landen nach kurzer Zeit wieder bei der Wurz-Hütte, dem Ausgangspunkt dieser Wanderung.

34 Rotwand

Einer der beliebtesten Münchner Hausberge. Große Ausblicke, allerdings meist recht lebhafter Betrieb. Das größte Stück Aufstieg mit Seilbahnhilfe.

Charakter Anspruchsvolle Bergwanderung, nicht übermäßig lang

Erreichte Höhe 1885 m

Gehzeit 3 Std. — Aufstieg 1 Std. — Abstieg 2 Std.

Beste Jahreszeit Mai—Winteranfang

Wanderkarte Topographische Karte 1:50 000, Blatt Mangfallgebirge, Bayerisches Landesvermessungsamt

Talort Schliersee, 784 m

Ausgangspunkt Mit Bus oder Auto zum Spitzingsee, und zwar zur Talstation Taubensteinbahn am Ostufer des Sees, auf halber Höhe links, kurz vor dem Tunnel

Parken An der Bergbahn-Talstation

Bergbahn Taubenstein-Gondelbahn 1091 m — 1611 m

Aufstieg Wenn Sie munter im Taubensteinsattel den Gondeln entsteigen, haben Sie das mühselige Stück auf leichte, wenn auch nicht ganz kostenlose Weise bewältigt. In luftiger Höhe können Sie nun den aussichtsreichsten Abschnitt der Rotwandroute angehen. Sie ziehen nach Süden, direkt auf den Taubenstein zu, umgehen diesen Gipfel auf der linken Seite (Osten) und marschieren geradewegs durch die Westflanke des Lempersberges in den Kessel zur Wallburger-Alm. Nun schwenkt der Weg stark nach Osten, macht noch mal einen Schlenkerer

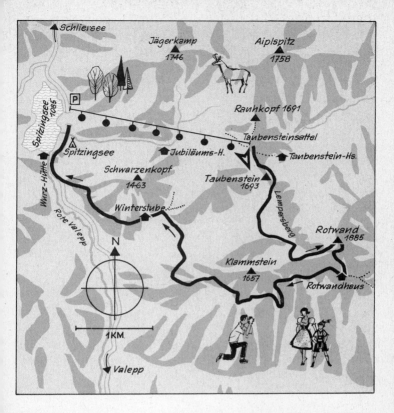

um einen Felssporn, bevor er direkt auf den Gipfel (1885 m, 1 Std.) zusteuert. Ausblick bis zu den Tiroler Gletschergipfeln.

Abstieg Nun zum Rotwandhaus in die Scharte absteigen und Brotzeit machen. Dann geht es weiter abwärts nach Westen zur Wildfeld-Alm. Sie kommen bald in den Wald und in weiten Bögen zur großen Weggabel »Winterstube«. Nach links marschieren Sie auf dem Fahrweg schließlich zur Wurz-Hütte am Südende des Spitzingsees. Bushaltestelle.

35 Jägerkamp

Weniger begangene, doch nicht minder schöne Bergwanderung zwischen Spitzingsee und Schliersee. Gute Markierung. 1000 Höhenmeter Abstieg.

Charakter Anspruchsvolle und lange Bergwanderung

Erreichte Höhe 1746 m

Gehzeit 4¹/₂ Std. — Aufstieg 2 Std. — Abstieg 2¹/₂ Std.

Beste Jahreszeit Mai—Winteranfang

Wanderkarte Topographische Karte 1:50 000, Blatt Mangfallgebirge, Bayerisches Landesvermessungsamt

Talort Schliersee, 784 m

Ausgangspunkt Neuhaus; es ist am besten, von dort aus gleich mit dem Bus zum Spitzingsattel zu fahren, da der Abstieg vom Jägerkamp wieder direkt in Neuhaus endet

Parken In Neuhaus

Aufstieg Am Spitzingsattel, mit Blick auf den See, verlassen Sie gleich die Straße nach links. Gehen Sie richtig, dann sind Sie auf dem Weg zu den Schönfeld-Almen. Im weiten Bogen, bald etwas steiler aufwärts, ziehen Sie in östliche Richtung, immer bedenkend, daß Sie laufend über berühmte Münchner Skibuckel stolpern. Sie umgehen das »Wilde Fräulein«, eine kleine Bergkuppe im Süden, bevor Sie zur Unteren Schönfeld-Alm kommen. An der Weggabel scharf nach links zur Oberen Schönfeld-Alm. In kurzen Serpentinen kommt man jetzt schon in die Jägerkamp-Südflanke. Nun führt der Weg allmählich nach Osten und schließlich zur Schnittlauchmoos-Alm. Richtungswechsel, das heißt im spitzen Winkel nach links ziehen und

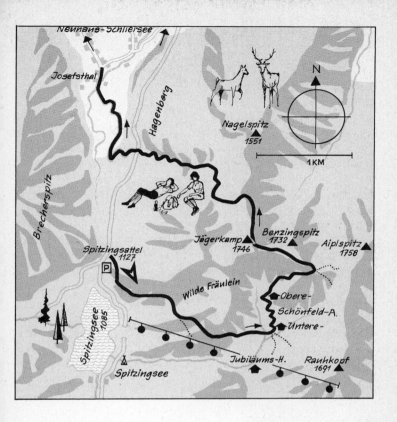

links am Benzingspitz vorbei nach Westen steigen. Auf dem Kamm ist dann der Jägerkamp-Gipfel (1746 m, 2 Std.) bald erreicht. Großartiger Ausblick nach Tirol und auf die schneebedeckten Zentralalpen.

Abstieg Sie halten sich erst an den Kamm nach Norden bis in eine Scharte, steigen dann durch Latschenfelder nach links zur Jägerbauern-Alm ab und steuern auf dem Waldweg in kurzen Serpentinen die Alpenstraße an. Sie queren die Straße und folgen der alten Spitzingstraße nach Josefsthal und Neuhaus (2½ Std.).

36 Seeberg-Alm

Ausgedehnte Wanderung durch viel Wald und über einige Almböden. Wenig begangene Route. Immer wieder schöne Ausblicke nach Süden.

Charakter Anspruchsvolle und lange Bergwanderung

Erreichte Höhe 1340 m

Gehzeit 4 Std. — Aufstieg 1½ Std. — Abstieg 2½ Std.

Beste Jahreszeit Mai—Winteranfang

Wanderkarte Topographische Karte 1:50000, Blatt Mangfallgebirge, Bayerisches Landesvermessungsamt

Talort Bayrischzell, 800 m

Ausgangspunkt Am Aubach im Südwesten von Bayrischzell

Parken In der Nähe des Ausgangspunktes

Aufstieg Im Südwesten von Bayrischzell gehen Sie über die Alpenstraße und den Aubach, dann dauert es nicht lange, bis die ersten Serpentinen recht steil in die Höhe ziehen. Bevor es dann richtig unangenehm wird, nimmt die Steilheit ab, und der Weg zieht ganz erträglich durch die Ostflanke des Seebergkopfes zur Neuhütten-Alm (1232 m). Nach der Alm wird stark nach rechts (Nordwesten) abgebogen — an der Gabelung dem rechten Weg folgen — und nun im Südhang des Seebergkopfes zur Seeberg-Alm (1340 m, 1½ Std.) aufgestiegen. Schöner Ausblick nach Süden. Konditionsstarke Bergwanderer können, bevor sie den langen Abstieg angehen, auch noch zum Gipfel des Seebergkopfes ansteigen. Auf dem markierten Steig eine gute halbe Stunde. Dann Rückkehr wieder zur Alm.

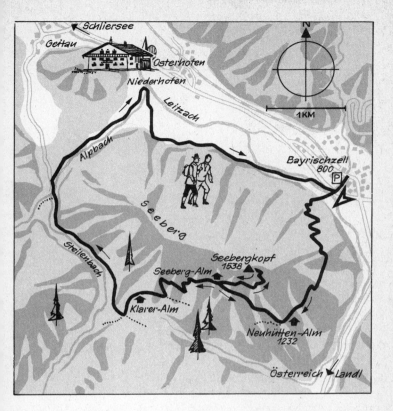

Abstieg Von der Seeberg-Alm geht es steil nach Westen abwärts. Bald kommen kurze Serpentinen, anschließend eine große Kehre, bevor Sie auf einen Weg stoßen, der direkt von der Neuhütten-Alm kommt. Hier biegen Sie rechts ab und erreichen nun schnell die Klarer-Alm. An der Wegkreuzung dicht hinter der Alm wieder nach rechts marschieren und durch den »Steilen Graben« rechts des Steilenbaches weiter absteigen. Kommen Sie zum Alpbach, geht es über die Brücke und links des Baches bis dicht an Niederhofen heran. Wo der Alpbach in die Leitzach mündet über die Brücke und scharf nach rechts, dann können Sie auf dem Waldweg nach Bayrischzell zurückkehren.

37 Wendelstein

Vielbesuchter Ausflugsgipfel (Zahnradbahn, Kabinenbahn). Auf dem Gipfel: Sonnenobservatorium, Wetterstation, Radio-Fernseh-Sendeanlagen, das bewirtschaftete Wendelsteinhaus.

Charakter Zwei Abstiege über rund 1000 m Höhenunterschied, nicht schwer, aber doch ein ordentliches Stück Weg

Erreichte Höhe 1838 m

Gehzeit Aufstieg ¼ Std. — Abstieg I: 3 Std. — Abstieg II: 2 Std.

Beste Jahreszeit Mai—Winteranfang

Wanderkarte Topographische Karte 1:50 000, Blatt Mangfall-gebirge, Bayerisches Landesvermessungsamt

Talort Bayrischzell, 800 m

Ausgangspunkt Bergstation der Wendelsteinbahn

Parken An der Talstation

Bergbahn Kabinenbahn Osterhofen — Wendelstein 800 bis 1730 m

Aufstieg Zunächst steigen Sie über Treppen zum Gipfel und besichtigen, was man alles an Gebäuden auf einen Berggipfel stellen kann, wenn er nur die richtige exponierte Lage hat.

Abstieg I Sie steigen nun zurück zur Bergstation und folgen weiter dem Weg, der nahe der Seilbahn abwärts zieht. An der zweiten Weggabel biegen Sie scharf rechts ab, gehen unter der Seilbahn durch, wandern gemächlich nach Westen und lassen die Spitzing-Alm links liegen. An der Kirchwand (rechts) vorbei und jetzt auch recht steil, steigt man zur Rieder-Alm ab. An den

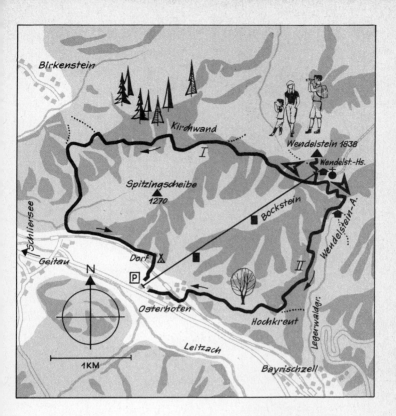

folgenden Weggabeln immer links halten. Sie kommen zum Haltepunkt Geitau und erreichen, vor den Gleisen nach links, bald wieder Osterhofen (3 Std.).

Abstieg II Wie beim Abstieg I gehen Sie zur erwähnten Weggabel, jetzt aber nach links und queren erst recht flach ein Stück nach Osten. Macht der Weg den Bogen nach rechts, dann wird es ordentlich steil. Der Reihe nach kommen Sie an der Wendelstein-Alm, der Siegel-Alm und an der Kreuter-Alm vorbei. Bei der Siedlung Hochkreut — je nach Auto-Standplatz oder Quartier — rechts nach Osterhofen oder links nach Bayrischzell (je 2 Std.) gehen.

38 Predigtstuhl — Hochschlegel

Mit der Bergbahn auf den Predigtstuhl. Kurzer Aufstieg auf den Hochschlegel. Viel Wald und auch nicht wenig Leute. Großartige Aussichtspunkte.

Charakter Langer Abstieg auf dem einzig leichten Weg am Predigtstuhl; sehr großer Höhenunterschied: 1200 m

Erreichte Höhe 1688 m

Gehzeit 3½ Std. — Aufstieg ½ Std. — Abstieg 3 Std.

Beste Jahreszeit Mai—Winteranfang

Wanderkarte Topographische Karte 1:50 000, Blatt Berchtesgadener Alpen, Bayerisches Landesvermessungsamt

Talort Bad Reichenhall, 472 m

Ausgangspunkt Bergstation der Predigtstuhlbahn

Parken An der Talstation

Bergbahn Predigtstuhlbahn (Großkabinen) 476—1614 m

Aufstieg Vom Hotel an der Bergstation (das ganze Jahr offen) wandern Sie auf einem bequemen Weg in 10 Minuten in die Schlegelmulde. Über einen Latschenhang steigen Sie dann nach Süden auf den Hochschlegel-Gipfel (½ Std.).

Abstieg Erst einmal auf dem Anstiegsweg vom Gipfel zur Schlegelmulde zurückkehren. Hier nehmen Sie den Weg nach links (Westen). Zuerst durch Latschen, später durch Wald geht es weiter abwärts. An einer Jagdhütte vorbei kommen Sie zur Unteren Schlegel-Alm (wem der Predigtstuhl schon hoch genug ist, der kann auch direkt zur Unteren Schlegel-Alm absteigen).

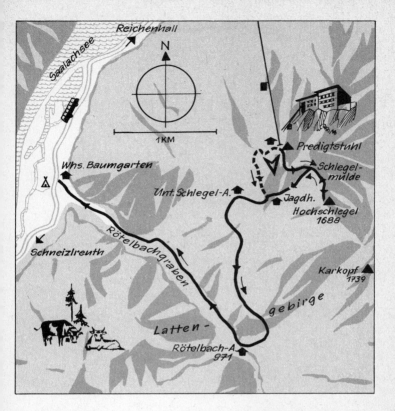

An der Weggabelung gehen Sie nach links (Süden) weiter, und gute 300 Höhenmeter tiefer erreichen Sie die Rötelbach-Alm (971 m). Dann macht der Steig, nunmehr ein breiter Ziehweg, einen großen Bogen und zieht auf der Ostseite des Rötelbachgrabens nach Nordosten endgültig ins Tal. Beim Gasthaus Baumgarten, 4 km südwestlich von Bad Reichenhall, treffen Sie auf die B 21 und auf eine Bushaltestelle.

39 Steinerne Agnes

Stille Wanderung im östlichen Lattengebirge, gut bezeichnete, aber schmale Steige durch viel Wald. Ziel ist die Steinerne Agnes, ein sagenumwobenes Felsgebilde.

Charakter Eine kompakte Bergwanderung, die einen weiten Bogen von Winkl nach Winkl schlägt

Erreichte Höhe 1320 m

Gehzeit 4 Std. — Aufstieg 2 Std. — Abstieg 2 Std.

Beste Jahreszeit April—Winteranfang

Wanderkarte Topographische Karte 1:50 000, Blatt Berchtesgadener Alpen, Bayerisches Landesvermessungsamt

Talort Berchtesgaden, 571 m

Ausgangspunkt Winkl, 665 m; mit Bahn, Bus, Pkw zu erreichen, 9 km nordwestlich von Berchtesgaden (B 20, Richtung Bad Reichenhall)

Parken Nahe beim Gasthaus Sellboden

Aufstieg Vom Bahnhof Winkl auf der Straße 300 m in Richtung Reichenhall gehen. Beim Gasthaus Sellboden nach links abzweigen. Auf der breiten Sandstraße passieren Sie eine große Kiesgrube und wandern nach Bichllehen (zwei Bauernhöfe). Zwischen den Höfen müssen Sie nach rechts abzweigen und dem Schild »Karkopf« folgen. Ein breiter Ziehweg zieht nun steil aufwärts, der bald von einem Waldweg abgelöst wird. Mündet Ihr Weg dann in den schmalen Steig Hallthurm-Karkopf, sind Sie dem Ziel schon sehr nahe. Denn 200 m weiter finden Sie die Jagdhütte Rotofen und eine Quelle. Jetzt noch 50 m höher, und Sie stehen vor der sehenswerten, sagenumwobenen Steiner-

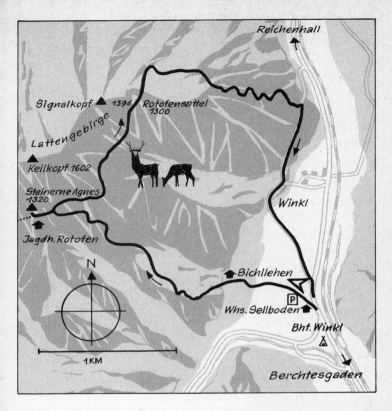

nen Agnes (2 Std.). Das ist ein 10 m hohes Felsgebilde, auf dem ein 3 m hoher Felskopf sitzt.

Abstieg Zur Abwechslung nehmen Sie für den Abstieg den Weg in Richtung Hallthurm, das heißt erst einmal flach ½ Std. zum Rotofensattel (1300 m) pilgern. Erst jetzt geht es richtig abwärts. Im Talgrund stoßen Sie auf eine Sandstraße (1 Std.), der Sie nach rechts folgen und die Sie sicher zum Ausgangspunkt, dem Gasthaus Sellboden, zurückbringt (½ Std.).

40 Hirscheck — Toter Mann

Schöne Rundwanderroute im Hochschwarzeck. Große Aussicht auf Watzmann und Hochkalter. Im Winter ein bekannter Familienskizirkus.

Charakter Leichte, aber ausgiebige Bergwanderung

Erreichte Höhe 1392 m

Gehzeit 4 Std. — Aufstieg 2 Std. — Abstieg 2 Std.

Beste Jahreszeit Mai—Winteranfang

Wanderkarte Topographische Karte 1:50000, Blatt Berchtesgadener Alpen, Bayerisches Landesvermessungsamt; Plenk's Wanderkarte 1:60000, Berchtesgadener Land

Besonderer Hinweis Auf- oder Abstieg kann auch mit dem Sessellift gemacht werden, die Gehzeit beträgt dann jeweils nur 2 Stunden

Talort Berchtesgaden, 571 m

Ausgangspunkt Ramsau — Gasthaus Zipfhäusl, 850 m; mit Pkw und Bus zu erreichen; von Berchtesgaden 12 km auf der Deutschen Alpenstraße (B 305) Richtung Inzell fahren, beim Schild »Hochschwarzeck« rechts abbiegen. Nach 500 m Parkplatz und Bushaltestelle

Parken Parkplatz beim Gasthaus Zipfhäusl

Aufstieg Vom Zipfhäusl folgen Sie der Straße zum Hochschwarzeck und kommen 200 m hinter der Kapelle zur Bushaltestelle Loiplsau. Bei einer Wegtafel zweigen Sie nach rechts ab, dann kann es nicht mehr schiefgehen. Gut ausgebaute Forstfahrwege mit erträglicher Steigung bringen Sie

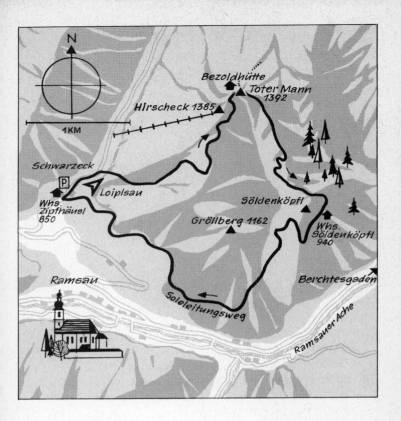

durch viel Wald sicher in die Mulde zwischen Hirscheck und Toter Mann (2 Std.). Zunächst steigen Sie nun in wenigen Minuten dem Hirscheck aufs Dach (Sesselbahn-Bergstation). Anschließend wechseln Sie zum Gipfel des Toten Mann, auf dem die Bezoldhütte, eine kleine Unterstandshütte, steht.

Abstieg Von dieser Hütte ziehen Sie auf dem flachen Wiesenbuckel nach Osten und folgen der Wegtafel und dem rot markierten Weg zum Gasthaus Söldenköpfl (940 m). Durch Wald und teilweise steil. Flach und bequem bringt Sie dann der Soleleitungsweg zurück zum Gasthaus Zipflhäusl (2 Std.).

41 Söldenköpfl

Schattiger Aufstieg und sehr schöne Ausblicke in das Ramsauer Tal und auf Watzmann und Hochkalterstock. Rast und Einkehr im Gasthaus Söldenköpfl.

Charakter Leichte und sehr bequeme Wanderung auf breiten Fußwegen

Erreichte Höhe 940 m

Gehzeit 3 Std. — Aufstieg 1½ Std. — Abstieg 1½ Std.

Beste Jahreszeit April—Winteranfang

Wanderkarte Topographische Karte 1:50 000, Blatt Berchtesgadener Alpen, Bayerisches Landesvermessungsamt; Plenk's Wanderkarte 1:60 000, Berchtesgadener Land

Talort Berchtesgaden, 571 m

Ausgangspunkt Ilsank, 580 m; mit Pkw und Bus zu erreichen; von Berchtesgaden 5 km auf der Deutschen Alpenstraße (B 305) in Richtung Inzell fahren, Bushaltestelle

Parken Am Parkplatz Ilsank, direkt an der Brücke über die Ramsauer Ache

Aufstieg Ilsank verlassen Sie auf einer Straße nach Norden. Nach etwa 10 Minuten kreuzen Sie den Weg von Strub nach Ramsau, marschieren in der gleichen Richtung weiter, bis wiederum nach 10 Minuten der Fahrweg zu Ende ist. Nun nehmen Sie den Fußweg nach links, der durch viel Wald und garniert mit vielen Ruhebänken langsam, aber sicher zum Gasthaus Söldenköpfl (1½ Std.) hinaufzieht. Ein sehr guter Platz zum Rasten.

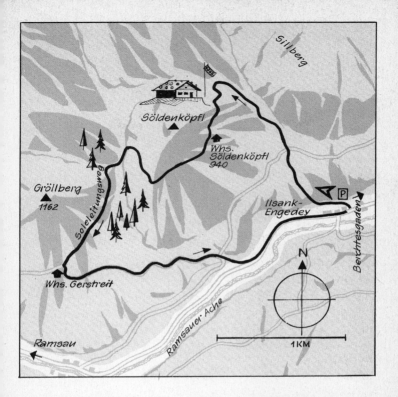

Abstieg Erst einmal 50 m zu einer Wegkreuzung absteigen (nach links direkter und steiler Abstieg zurück nach Ilsank). Sie halten sich an den Weg nach rechts, an den Soleleitungsweg, der flach und mühelos zum Berggasthaus Gerstreit (½ Std.) führt. Die Aussicht: großartig und viel für eine halbe Stunde Weg. Über die Soleleitung wurde vor gut 150 Jahren die Sole des Salzbergwerkes Berchtesgaden vom Brunnhaus Ilsank zum Brunnhaus Söldenköpfl gepumpt und lief dann weiter über Schwarzbachwacht und Jettenberg nach Bad Reichenhall und Rosenheim. Vom Gasthaus Gerstreit geht es erst richtig abwärts. Ein gut markierter Weg nach Westen, teilweise eine steile Fahrstraße, endet in Ilsank-Engedey (1 Std.).

42 Gerner Höhenweg

Ruhige Wanderung eine Etage über dem Luftkurort Berchtesgaden mit reizvollen Ausblicken auf die ganze Berchtesgadener Bergkette.

Charakter   Kurze und leichte Wanderung

Gehzeit   2¹/₂ Std.

Beste Jahreszeit   April—Winteranfang

Wanderkarte   Topographische Karte 1:50 000, Blatt Berchtesgadener Alpen, Bayerisches Landesvermessungsamt; Plenk's Wanderkarte 1:60 000, Berchtesgadener Land

Talort   Berchtesgaden, 571 m

Ausgangspunkt   Maria Gern, Gasthaus Bachgütl 750 m; 4 km nördlich von Berchtesgaden; zu erreichen mit Pkw und Bus, Postbus-Endstation Hintergern

Parken   Beim Gasthaus Bachgütl

Wanderung   Vom Gasthaus Bachgütl folgen Sie den Wegweisern, die Sie aus dem engen Tal hinaus in Richtung Untersberg führen, bis Sie zum Nußhof (840 m, ¹/₂ Std.), einem hochgelegenen Bauernhof, kommen. Vor dem Zaun biegen Sie links ab und queren nach 50 m (Wegtafel beachten) auf Fußspuren eine Wiese. Nach 100 m stoßen Sie auf den Gerner Höhenweg. Als Wanderweg führt er zuerst über einen Graben, mausert sich dann zu einem bequemen Fahrweg, der ohne Steigung hoch über dem Gerner Tal nach Süden zieht. Von der folgenden Weggabelung (¹/₂ Std.) zieht eine Straße nach Hintergern direkt zum Ausgangspunkt hinunter (kleinste Runde). Sie aber folgen weiter den Schildern »Gerner Höhenweg«. Bald geht es auf breitem Weg kurz und steil zum Planitschlehen (800 m) hinun-

ter. Lehen sind alte Bauerngehöfte, die früher von Fürstpröpsten den Bauern geliehen wurden. Bequeme Fahrwege und schattige Fußwege ziehen nun allmählich talwärts, Richtung Vordergern (Abzweigung zur Kirche Maria Gern). Beim Dietlhof stoßen Sie auf die Fahrstraße zum Aschauer Weiher (1½ Std.). Links halten, und Sie kommen nach 200 m zur Bushaltestelle »Glückauf« (Linie Berchtesgaden–Maria Gern). Zu Fuß sind es nach Berchtesgaden noch 2 km.

43 Kneifelsspitze

Sehr schöner Aussichtsberg im Norden Berchtesgadens und dem Marktflecken dicht vorgelagert. Besichtigung der Wallfahrtskirche Maria Gern.

Charakter Anspruchsvolle Wanderung mit einigen steilen Abschnitten

Erreichte Höhe 1189 m

Gehzeit 4 Std. — Aufstieg 2½ Std. — Abstieg 1½ Std.

Beste Jahreszeit April—Winteranfang

Wanderkarte Topographische Karte 1:50 000, Blatt Berchtesgadener Alpen, Bayerisches Landesvermessungsamt; Plenk's Wanderkarte 1:60 000, Berchtesgadener Land

Talort Berchtesgaden, 571 m

Ausgangspunkt Salzbergwerk (am Ortsausgang nach Salzburg an der Gollenbachbrücke)

Parken Parkplatz am Salzbergwerk

Aufstieg Gemächlich pilgern Sie erst einmal auf einer beschilderten Fahrstraße nach Maria Gern (730 m, ½ Std.). Sehenswert auf diesem Weg ist die Stöhrvilla, ein neugotisches Schlößchen mit Wappenmuseum, und natürlich die berühmte barocke Wallfahrtskirche Maria Gern mit schönen Votivtafeln. Zwischen Kirche und Wirtshaus nun ein kurzes Stück steil aufwärts und dann wieder geruhsam durch Hochwald zur nächsten Wegkreuzung. (Hier unbedingt den 5-Minuten-Abstecher zur Marxenhöhe, 835 m, machen). Der Weg nach rechts bringt Sie zu diesem Aussichtspunkt. Nach links passieren Sie jetzt eine »Muggelwiese« (Buckelwiese), später Hochwald und kommen

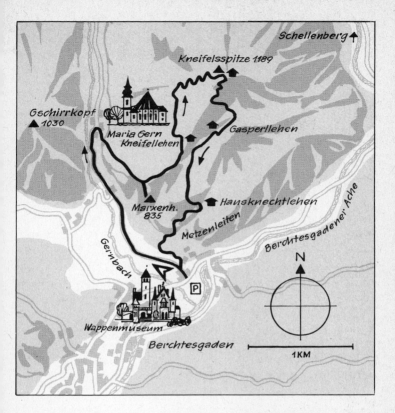

zum Schluß auf einem steilen Wegstück zum Kneifellehen. Über einen Sattel am Westhang der Kneifelsspitze erreichen Sie dann die Talstation einer Materialseilbahn. Zum Schluß gibt es dann noch Serpentinen, die nach Osten zum Gipfel ziehen (2 Std.). Kleine Privathütte (bewirtschaftet von Pfingsten bis September) neben dem Gipfelkreuz.

Abstieg   100 m nach Osten und auf einem kleinen Steiglein in Serpentinen steil nach Süden, Berchtesgaden entgegen, durch niederen Mischwald zum Gasperllehen. Eine teilweise steile Forststraße führt zurück zum Ausgangspunkt (1½ Std.). Sehr sehenswert das Hausknechtlehen.

44 Almbachklamm

Eindrucksvolle Klammwanderung mit allem was dazugehört: Schluchten, Wasserfälle, ausgesprengte Felswege und 29 Brükken.

Charakter Sehr leichte und bequeme Wanderung

Gehzeit 3½ Std.

Beste Jahreszeit April—Winteranfang

Wanderkarte Topographische Karte 1:50 000, Blatt Berchtesgadener Alpen, Bayerisches Landesvermessungsamt; Plenk's Wanderkarte 1:60 000, Berchtesgadener Land

Talort Berchtesgaden, 571 m

Ausgangspunkt Bushaltestelle Almbachklamm, 6 km nordöstlich von Berchtesgaden an der Bundesstraße 305 (Richtung Salzburg), zu erreichen mit Bus und Pkw

Parken Am Ausgangspunkt

Klammwanderung Von der Haltestelle marschieren Sie über die Berchtesgadener Ache in wenigen Minuten zum Eingang der Almbachklamm. Daneben finden Sie außer dem Gasthaus Kugelmühle auch noch die Kugelmühle selbst in Betrieb, eine Marmorkugelschleiferei mit Hilfe von Wasserrädern, sehr sehenswert. Dann geht es in die Almbachklamm. Der Almbach hat auf seinem Weg vom Untersberg ins Tal zwischen Ettenberg und Maria Gern eine tiefe Schlucht gegraben. Bayerische Pioniere haben dann 1894 durch die 3 km lange Schlucht eine Weganlage gebaut. Heute überwinden 300 Stufen, 1 Tunnel und 168 m ausgesprengter Felsweg die 200 m Höhenunterschied, die das Almbachwasser zurücklegt. Nebenbei haben Sie 29 Brücken zu überqueren und können nach dem ersten Drittel

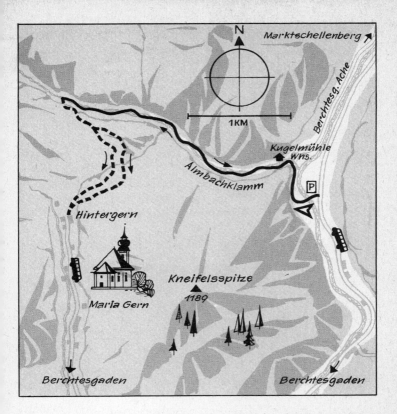

auf der rechten Seite den Sulzerwasserfall bewundern, der über die gesamte Höhe des Nordabfalls herunterstürzt. Klammwanderung 2 Std.

Rückweg 1. Durch die Klamm (1½ Std.). 2. Vom Ende der Klamm auf bequemen Wanderwegen nach Hintergern (½ Std.) pilgern. Bushaltestelle; mit Bus nach Berchtesgaden zurück.

45 Schellenberger Eishöhle

Schöner Anstieg zur Toni-Lenz-Hütte. Übernachtung. Besuch der Schellenberger Eishöhle, der größten Eishöhle Deutschlands. Sehr sehenswert.

Charakter Anspruchsvolle Bergwanderung, steiler Anstieg

Erreichte Höhe 1551 m

Gehzeit 5 Std. – Aufstieg 3 Std. – Abstieg 2 Std.

Beste Jahreszeit Mai–Oktober

Wanderkarte Topographische Karte 1:50 000, Blatt Berchtesgadener Alpen, Bayerisches Landesvermessungsamt

Besonderer Hinweis Die Eishöhle nur mit Führer besichtigen; warme Kleidung notwendig; der Höhlenbesuch erfordert zusätzlich 2 Stunden

Talort Berchtesgaden, 571 m

Ausgangspunkt Alter Wehrturm, 10 km nördlich Berchtesgaden, 1 km nördlich Marktschellenberg an der Bundesstraße 305, 1 km vor der österreichischen Grenze; auch mit dem Bahnbus von Berchtesgaden aus zu erreichen, bis zur Haltestelle »Landesgrenze« fahren und zurückgehen

Parken Rechts der Straße in der Nähe des alten Wehrturmes

Aufstieg Vom Wehrturm folgen Sie nach links (Westen) dem blaurot markierten Weg. Zuerst passieren Sie den verfallenen Bachkaser (½ Std.) und steigen durch Wald, teilweise steil, zur Diensthütte Mitterkaser (1¼ Std.). Das Gelände wird freier und die Hütte bald sichtbar. Durch Buschwerk und in kurzen Serpentinen erreichen Sie nicht mehr ganz frisch die Toni-Lenz-

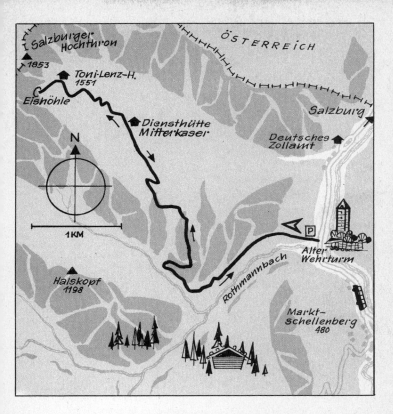

Hütte (1551 m, 1¼ Std., auch Schellenberger Eishöhlenhütte genannt). Für die Mühe entschädigt ein großartiger Ausblick auf den Göllstock und über das Salzburger Land. Übernachten (14 Betten). Eishöhlen-Führungen können in der Hütte vereinbart werden. Ausgeruht wandern Sie am nächsten Morgen in 20 Minuten zum Eingang der Schellenberger Eishöhle, die am 5. Oktober 1874 von den Salzburger Höhlenforschern Posselt-Czorich und Fugger entdeckt wurde. Seit 1925 kann man über gute Holztreppen in diese faszinierende Eishöhlenwelt hinuntersteigen.

Abstieg   Auf dem Anstiegsweg steigen Sie wieder ins Tal ab.

46 Köpplschneid

Diese Bergwanderung direkt entlang der bayerisch-österreichischen Grenze ist im Herbst besonders schön, wenn die abgelaubten Bäume interessante Tiefblicke freigeben.

Charakter   Leichte und bequeme Wanderroute

Erreichte Höhe   930 m

Gehzeit   3 Std. — Aufstieg 2 Std. — Abstieg 1 Std.

Beste Jahreszeit   April—Winteranfang

Wanderkarte   Topographische Karte 1:50 000, Blatt Berchtesgadener Alpen, Bayerisches Landesvermessungsamt; Plenk's Wanderkarte 1:60 000, Berchtesgadener Land

Talort   Berchtesgaden, 571 m

Ausgangspunkt   Marktschellenberg, 480 m; mit Pkw und Bahnbus zu erreichen, 9 km nördlich von Berchtesgaden an der Bundesstraße 305 in Richtung Salzburg

Parken   In Marktschellenberg

Aufstieg   Von der Pfarrkirche (Wegtafel) folgen Sie dem breiten Weg zum Café Hansi und in Serpentinen, immer der guten Markierung nach, steigen Sie zum Gasthaus Köpplschneid. Jetzt halten Sie sich an das Schild »zur Köpplschneid-Barmsteine«. Nach 100 m schöner Aussichtspunkt mit Bank und Kandelaber-Lärche. Ohne Steigung 100 m zum Waldrand und nach weiteren 30 m nicht geradeaus (wichtig!), sondern rechts abbiegen und über eine kurze Betontreppe aufwärts. Nun wandern Sie — immer unterhaltsam auf und ab — auf der knapp 2 km langen Köpplschneid nach Südosten. Größeren Erhebungen wird nach rechts ausgewichen. Ein kleiner Abstieg am En-

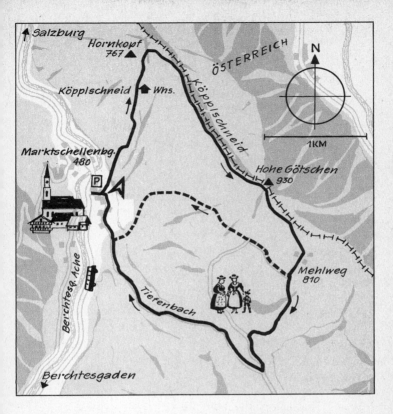

de des Grates bringt Sie nach Mehlweg (810 m, 2 Std.) zu den ersten Bauernhöfen.

Abstieg Bei der Wegtafel marschieren Sie nach rechts und treffen nach 100 m die nächste Weggabel. Nun sind zwei Abstiege möglich: 1. Geradeaus weiter kommen Sie über Tiefenbach auf einem Fahrweg bequem zurück nach Marktschellenberg (1 Std.). 2. Zweigen Sie rechts ab, dann erreichen Sie den Ausgangspunkt auf dem direkteren und etwas steileren Weg (50 Minuten).

47 Zinkenkopf

Gut erreichbarer Aussichtsgipfel an der deutsch-österreichischen Grenze. Zwei Abstiegsmöglichkeiten: 1. auf dem Anstiegsweg, 2. Sessellift nach Dürrnberg (Österreich).

Charakter Leichte Bergwanderung

Erreichte Höhe 1340 m

Gehzeit 3 Std. — Aufstieg 2 Std. — Abstieg 1 Std.

Beste Jahreszeit Mai—Winteranfang

Wanderkarte Topographische Karte 1:50 000, Blatt Berchtesgadener Alpen, Bayerisches Landesvermessungsamt; Plenk's Wanderkarte 1:60 000, Berchtesgadener Land.

Besonderer Hinweis Grenzgebiet — Ausweis mitnehmen

Talort Berchtesgaden, 571 m

Ausgangspunkt Oberau, Gasthaus Heißbäck, 980 m; mit Pkw und Bus zu erreichen; von Berchtesgaden auf der B 305 in Richtung Salzburg und auf der Roßfeldstraße bis Heißbäck (10 km)

Parken An der Mautstelle Roßfeldstraße-Süd

Aufstieg Vom Gasthaus erst einmal 400 m auf der Roßfeldstraße zum Parkplatz am Waldrand gehen (nicht bis zur Mautstelle!). Hier nach links abzweigen und auf der ebenen Forststraße 300 m bis zur nächsten Wegtafel pilgern. Nun biegen Sie rechts ab und folgen dem rot markierten Weg. In einigen Kehren gelangen Sie zu einem bewaldeten Sattel (in 5 Minuten ist hier die Geißstallhöhe, 1264 m, ein Waldbuckel, zu ersteigen; weglos). Nur noch knappe 100 m Höhenunterschied

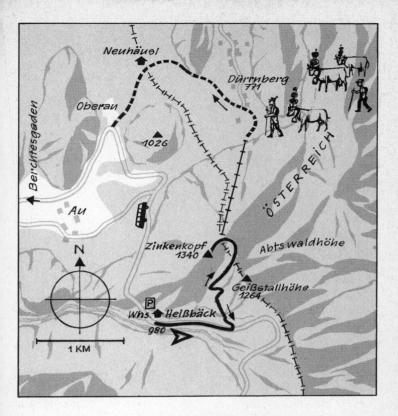

trennen Sie jetzt vom Zinkenkopfgipfel. In einem nach Osten ausholenden Bogen führt Sie der Weg zur Sessellift-Bergstation. Dann sind es nur noch 5 Minuten zum kreuzgeschmückten Gipfel (2 Std.). Die Aussicht ist große Klasse.

Abstieg 1. Rückkehr auf dem Anstiegsweg. 2. (abwechslungsreich und interessanter) Abfahrt mit dem Sessellift nach Dürrnberg (Österreich). Von der Talstation wandern Sie dann auf einem flachen Weg zur Grenzübergangsstelle Neuhäusl (Bushaltestelle an der Roßfeldstraße), und die Heimat hat Sie wieder.

48 Rund um den Hochkranz

*Ausgedehnte, aber großartige Rundtour durch schönes Alm-
gebiet. Im Sommer einige „Durststrecken" (sehr heiß). Schöner
Rastplatz auf der Kallbrunn-Alm.*

Charakter Lange Almwanderung

Erreichte Höhe 1453 m

Gehzeit 5 Std. — Aufstieg 3 Std. — Abstieg 2 Std.

Beste Jahreszeit Mai—Winteranfang

Wanderkarte Topographische Karte 1:50 000, Blatt Berchtesgadener Alpen, Bayerisches Landesvermessungsamt

Besonderer Hinweis Grenzgebiet — Ausweis mitnehmen

Talort Lofer, 626 m

Ausgangspunkt Weißbach, 665 m; 10 km südöstlich von Lofer
in Richtung Saalfelden; Bus von Zell am See und Lofer

Parken Am Ortsende von Weißbach

Aufstieg Bei den letzten Häusern im Talgrund beginnt die
Hirschbichlstraße; ein Fahrweg (nur für Anlieger frei), der über
Stocklaus nach Hinterthal zieht. Durch viel Wald kommt man
im tiefeingeschnittenen Tal schnell aufwärts, hat nach 1½ Stunden Hinterthal erreicht und die stärkste Steigung überwunden.
Nun folgen Sie der Sandstraße (Baustraße), die nach rechts
abzweigt (nicht den Weißbach überqueren) durch eine Schran-
ke. Wegtafel: »Weißbach — Kematen — Kallbrunn-Alm«. Nächstes Ziel ist die Weißbach-Alm, die aber weit mehr Bauernhof
als Alm ist. Hier ist die nächste Weggabelung. Und wieder nimmt
man die rechte Abzweigung. Zur Abwechslung bestimmen wei-

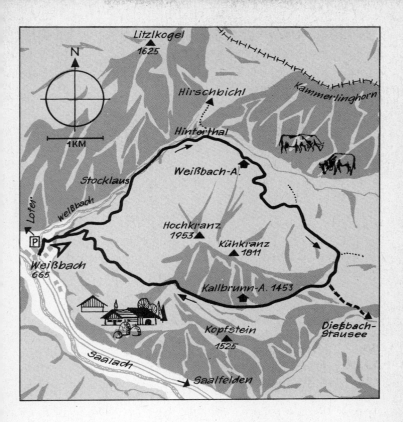

te, saftige Almwiesen und Wald das Bild — und steil ansteigende Hänge, die zu queren sind. In einem weitläufigen Sattel findet man, schon am Südhang des Hochkranzes, die Kallbrunn-Almen (1453 m, 1½ Std.), ein großartiger Rastplatz. Abstecher zum Dießbach-Stausee möglich (½ Std.).

Abstieg   Zwischen den Almen durch pilgern Sie auf dem bezeichneten Weg nach Westen, es geht teilweise recht steil abwärts, bis Sie bei den ersten Bauernhäusern auf einen Fahrweg treffen, der kurz vor Weißbach wieder in die Hirschbichlstraße mündet.

49 Hals-Alm

Schöne Wanderung über dem Hintersee. Großartiger Ausblick auf Hochkalter und Hocheisgruppe. Viele Blumen im Frühjahr, Gemsen und Rehe das ganze Jahr.

Charakter Leichte Wanderung in der Almregion

Erreichte Höhe 1200 m

Gehzeit 2½ Std. — Aufstieg 1½ Std. — Abstieg 1 Std.

Beste Jahreszeit April — Winteranfang

Wanderkarte Topographische Karte 1:50 000, Blatt Berchtesgadener Alpen, Bayerisches Landesvermessungsamt; Plenk's Wanderkarte 1:60 000, Berchtesgadener Land

Talort Berchtesgaden, 571 m

Ausgangspunkt Hintersee, 800 m; 15 km westlich von Berchtesgaden am gleichnamigen See in der Ramsau; Busverbindung

Parken Parkplatz beim Gasthaus Auzinger

Aufstieg Vom Parkplatz beim Gasthaus Auzinger auf der Hirschbichlstraße (Forststraße) 5 Minuten nach Südwesten. Wegtafel nach rechts: »Böselsteig-Reiter-Alm, nur für Geübte«. Das ist Ihr Weg. Durch Mischwald steigen Sie recht flott aufwärts und kommen in knapp 1100 m Höhe flach aus dem Hochwald in die Halsgrube (1090 m, 45 Min.; mudenartige Almwiese). Durch den schroffen Talschluß im Westen zieht dann der Böselsteig zur Reiter-Alm. Sie aber wenden sich nach rechts (Nordosten) und folgen dem Schild »zur Hals-Alm«. Zuerst kommt man auf kurzen Serpentinen rasch höher und schlendert dann genüßlich in den Wiesensattel zur Hals-Alm (1200 m, 45 Min.).

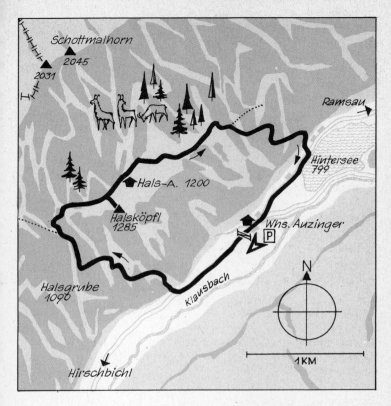

Mit etwas »Sportgeist« ist sogar ein Gipfel mitzunehmen. Das südwestlich vorgelagerte Halsköpfl (1285 m) ist über Wiesen und zum Schluß durch steilen Mischwald in einer guten Viertelstunde anzupeilen. Kein Weg, stiller Rast- und schöner Aussichtsplatz.

Abstieg Von der Hals-Alm pilgern Sie dann nach Nordosten, weiter recht flach durch den Wald, bis nach 20 Minuten der Weg nach rechts ohne viele Schnörkel und recht spürbar zu den Hotels am Hintersee hinunterzieht (1 Std.).

50 Schärten-Alm

Schattiger Anstieg zur aussichtsreichen Schärten-Alm (im Sommer Getränkeausgabe). Mit guter Kondition und einer Stunde mehr ist sogar die Blaueishütte zu erreichen.

Charakter Anspruchsvolle Bergwanderung, steiler Anstieg

Erreichte Höhe 1362 m

Gehzeit 4¹/₂ Std. — Aufstieg 2¹/₂ Std. — Abstieg 2 Std.

Beste Jahreszeit Mai — Winteranfang

Wanderkarte Topographische Karte 1:50 000, Blatt Berchtesgadener Alpen, Bayerisches Landesvermessungsamt; Plenk's Wanderkarte 1:60 000, Berchtesgadener Land

Talort Berchtesgaden, 571 m

Ausgangspunkt Ramsau, Dorfmitte, Bushaltestelle Oberwirt (Linie Berchtesgaden—Ramsau); sehenswert ist hier die Barockkirche

Parken In Ramsau

Aufstieg Erst einmal 5 Minuten auf der Hauptstraße in Richtung Hintersee marschieren. Dann über die Achenbrücke links ab (Wegtafel) und dem Forstweg zur Eckau folgen. Ein markanter Orientierungspunkt ist der Holzlagerplatz am Anfang der Forststraße. Nach etwa ¹/₂ Stunde muß rechts ein Steig abzweigen. Beschildert: »Schärten-Alm-Blaueishütte.« Durch Hochwald zieht der bald schmaler werdende Weg recht steil aufwärts. Gut 1¹/₂ Stunden lang. Dann treffen Sie auf einen breiten Fahrweg, der nach rechts zum Hintersee führt (Abstiegsweg; »müde Krieger« können die Schärten-Alm links liegen lassen und gleich wieder absteigen). Mit etwas Humor, nur noch ¹/₂ Stun-

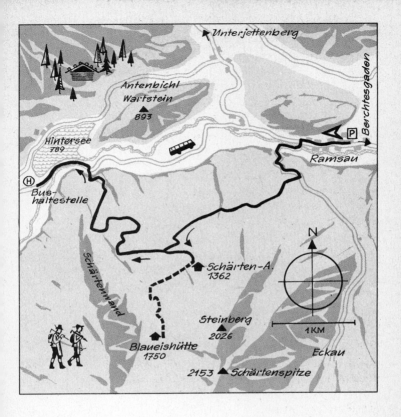

de, ist auch das letzte Stück zu schaffen, wenn Sie dem Fahrweg links (aufwärts) folgen. Auf einer Mini-Terrasse können Sie nun das Sitzen, etwas Trinkbares und die Aussicht genießen. Starke Naturen können noch die Blaueishütte in Betracht ziehen (1750 m, 1 Std., bewirtschaftet von Juni — Oktober).

Abstieg Von der Schärten-Alm auf dem Anstiegsweg bis zur nächsten Weggabelung zurück, jetzt aber auf dem Fahrweg bleiben (Tafel: »Nach Hintersee«). Durch viel Wald landen Sie dann am Hintersee (2 Std.). Auf dem Uferweg am See nach links in 15 Minuten zur Bushaltestelle »Auzinger«.

51 Wimbachgries-Hütte

Bequeme Wanderung in eine eindrucksvolle Urlandschaft direkt unter der Watzmann-Westwand. Sehenswert auch die Wimbachklamm. Naturschutzgebiet.

Charakter Sehr leichte, aber auch lange Wanderung

Erreichte Höhe 1326 m

Gehzeit 5 Std. — Aufstieg 3 Std. — Abstieg 2 Std.

Beste Jahreszeit Mai — Winteranfang

Wanderkarte Topographische Karte 1:50000, Blatt Berchtesgadener Alpen, Bayerisches Landesvermessungsamt; Plenk's Wanderkarte 1:60000, Berchtesgadener Land

Talort Berchtesgaden, 571 m

Ausgangspunkt Wimbachbrücke, 624 m; 7 km westlich von Berchtesgaden, Bushaltestelle (Linie Berchtesgaden — Ramsau)

Parken Bei der Wimbachbrücke

Aufstieg Über die Wimbachbrücke gelangt man zum Wimbachlehen. Sie halten sich dann an den Weg nach links — gut beschildert — und stehen bereits nach 15 Minuten vor der Wimbachklamm — kurz, aber mit allem versehen, was zu einer richtigen Klamm gehört. Auf dieses Naturereignis folgt bald das nächste. Denn schon tritt man in das Wimbachtal — ehemals ein riesiger See, heute ein Meer von Schutt (= Gries). Den dramatischen Akzent setzt hier die Umrahmung, die von Watzmann, Palfelhorn und Hochkalterstock gebildet wird. Wenn der erste Eindruck nachläßt, wandern Sie weiter und kommen zum Gasthaus Wimbachschloß (937 m, 1 Std., bewirtschaftet, keine

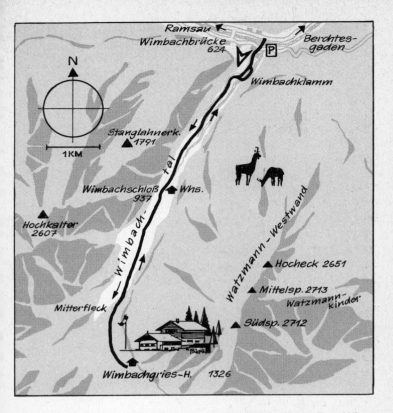

Übernachtung), das früher als Jagdschloß fungierte. Das Wimbachgries, so wird das Tal auch genannt, wird nun immer breiter, und ganz allmählich wechseln Sie auf recht ordentlichem Weg von der westlichen auf die östliche Seite. Zum Schluß verläßt der Steig den Talboden, und Sie steuern durch Büsche und Bäume in einem leichten Linksbogen die Wimbachgries-Hütte (Naturfreundehaus, 2 Std., bewirtschaftet, Übernachtungsmöglichkeit) an.

Abstieg Auf der gleichen Route (Wimbachklamm umgehen) kommen Sie in etwa 2 Stunden wieder zum Ausgangspunkt zurück.

52 Kühroint-Alm

Große Wanderung durch viel Wald. Schöne Forstwege beim Aufstieg zur Kühroint-Alm (kein Almbetrieb). Großartiger Ausblick von der Archenkanzel.

Charakter Anspruchsvolle Bergwanderung, teilweise steil

Erreichte Höhe 1420 m

Gehzeit 4½ Std. — Aufstieg 2½ Std. — Abstieg 2 Std.

Beste Jahreszeit April — Winteranfang

Wanderkarte Topographische Karte 1:50000, Blatt Berchtesgadener Alpen, Bayerisches Landesvermessungsamt

Talort Berchtesgaden, 571 m

Ausgangspunkt Wimbachbrücke, 624 m; 7 km westlich von Berchtesgaden, Bushaltestelle (Linie Berchtesgaden—Ramsau)

Parken Bei der Wimbachbrücke

Aufstieg Auf der Wimbachbrücke über die Ramsauer Ache und nach 200 m über eine zweite Brücke nach links den Wimbach überqueren. Hier einfach den Wegweisern »Watzmannhaus« folgen. Auf guten und breiten Forstwegen — man kann hier bequem nebeneinander marschieren — erreichen Sie durch schattigen Hochwald die Schapbach-Holzstube (980 m, 1 Std.). An der Weggabelung bleiben Sie auch weiterhin der Forststraße treu, die im Talboden weiter nach Süden zieht (von links kommt ein Weg von Hinterschönau, nach rechts zweigt ein Steig zum Watzmannhaus ab). Recht pomadig geht es noch zur Schapbach-Alm, dann setzt der Schlußspurt an. Auf der Forststraße im großen Bogen (länger) oder auf dem alten Weg — nach der ersten Kehre links — durch den Hochwald (kürzer)

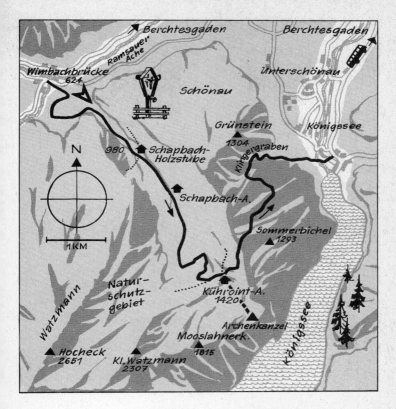

kommen Sie zum Almboden Kühroint — und haben eine ordentliche Rast verdient (1½ Std.). Kührointhaus (Bundesgrenzschutz): Getränke; Kühroint-Alm: einfach bewirtschaftet, begrenzte Zahl an Schlafstellen. Abstecher zur Archenkanzel (25 Min.), einmalige Aussicht!

Abstieg Ein gut beschilderter Weg, meist durch Hochwald, führt nach Nordosten und bis zur Grünstein-Südseite; Forststraße queren. Im Klingergraben in steilen Kehren abwärts, bis nach rechts ein Steig direkt zur Seeklause am Königsee zieht (2 Std.). Bahnbus nach Berchtesgaden.

53 Grünstein

*Waldreicher Vorgipfel im Norden des Watzmannstockes. Groß-
artiger Ausblick vom Gipfel. Rasten und restaurieren in der
Grünstein-Hütte.*

Charakter   Sehr respektable Bergwanderung mit einigen steilen Wegstücken

Erreichte Höhe   1304 m

Gehzeit   4 Std. — Aufstieg 2¹/₂ Std. — Abstieg 1¹/₂ Std.

Beste Jahreszeit   April — Winteranfang

Wanderkarte   Topographische Karte 1:50 000, Blatt Berchtesgadener Alpen, Bayerisches Landesvermessungsamt; Plenk's
Wanderkarte 1:60 000, Berchtesgadener Land

Talort   Berchtesgaden, 571 m

Ausgangspunkt   Ilsank, 580 m; mit Pkw und Bus zu erreichen;
von Berchtesgaden 5 km auf der Deutschen Alpenstraße
(B 305) in Richtung Inzell fahren, Bushaltestelle

Parken   Am Ausgangspunkt

Aufstieg   Auf neuer Fahrstraße über die Ramsauer Ache.
Dann nach rechts auf dem Weg über den Berghof Schapbach
zum Gasthaus Hammerstiel (¹/₂ Std.). Von der Wirtschaft geht
es zuerst ein kurzes Stück in Richtung Berchtesgaden, bis
rechts — Wegtafel »Zum Grünstein« — der gut ausgebaute Steig
abzweigt. Nun im schattigen Hochwald (gut für heiße Tage)
steil aufwärts steigen. Mehrere Serpentinen ziehen später durch
den Buchen- und Mischwald, bis Sie in 1200 m Höhe zur Grünstein-Hütte (1¹/₂ Std., bewirtschaftet) kommen. Und ¹/₂ Stunde
danach können Sie schon am Gipfel stehen, Berchtesgadener

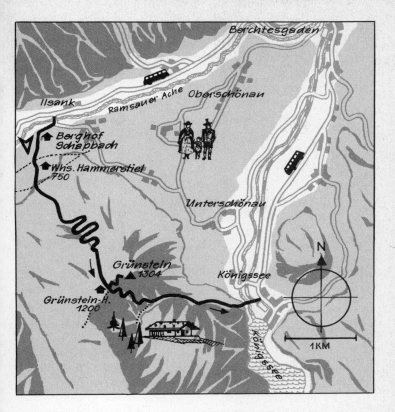

Berge aus einer neuen Perspektive bewundern und den Watzmann fotografieren, vom besten Standpunkt, den es gibt. Und natürlich sitzen, solange es Spaß macht.

Abstieg   Zuerst wird auf gleichem Weg zur Grünstein-Hütte zurückgestiegen. An der Weggabelung folgen Sie dann dem Schild »Nach Königssee«. Durch ein leicht bewachsenes Schuttkar steuern Sie bald wieder den Wald an und erreichen einen Fahrweg. Nach zwei Kehren verläßt man den Fahrweg und steigt nach rechts auf einem steilen Steiglein hinunter zur Seeklause am Königssee (1½ Std.). Rückfahrt mit Bus nach Berchtesgaden.

54 Gotzental-Alm

Großartige Höhenwanderung im Naturschutzgebiet über dem Königssee. Auffahrt mit der Jennerbahn (Mittelstation). Rückfahrt mit Motorboot.

Charakter Abwechslungsreiche Wanderung zum Königssee

Erreichte Höhe 1105 m

Gehzeit 3¹/₂ Std.

Beste Jahreszeit April — Winteranfang

Wanderkarte Topographische Karte 1:50 000, Blatt Berchtesgadener Alpen, Bayerisches Landesvermessungsamt

Besonderer Hinweis Motorbootfahrplan besorgen; ist kein Stegwart an der Anlegestelle Kessel, dann im Bereich des Steges aufhalten

Talort Berchtesgaden, 571 m

Ausgangspunkt Königssee, 610 m; 5 km südlich von Berchtesgaden, gute Busverbindung

Parken Großparkplatz Königssee

Bergbahn Jennerbahn (komb. Gondel- und Sessellift) 632 — 1802 m (nur bis zur Mittelstation fahren)

Abstieg Von der Mittelstation nehmen Sie den Königsweg nach Süden. Auf dem flachen Steig pilgern Sie hoch über dem Königssee an der Wasserfall- und Strub-Alm, zum Schluß leicht fallend, zur Königsbach-Alm (1191 m, 1 Std., Almbetrieb, Kühe und Fladen). Nun geht es auf der Forststraße weiter. Die Büchsen-Alm bleibt rechts liegen und die Kiesstraße, teilweise in

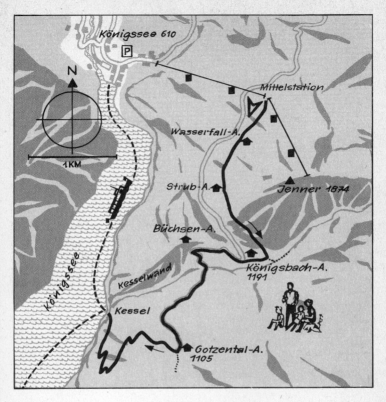

die Felsen gesprengt, hält sehr ordentlich die Höhe und ist deshalb bequem zu wandern, bis man den weiten Talboden der Gotzental-Alm (1105 m, 1¼ Std.) erreicht. Ein Platz, wie geschaffen zum Rasten. Gut restauriert können Sie dann den Abstieg angehen. Ein markierter Weg nach Westen zieht in einem Graben, sinnigerweise Abwärtsgraben genannt, in Richtung Königssee. Es ist ein von König Max II. angelegter Reitsteig. Bald verschlingt Sie der Wald, und nach einer großen Schleife nach Süden, dazwischen einige Serpentinen eingestreut, landen Sie an der Anlegestelle »Kessel« (605 m, 1¼ Std.) am Königssee. Die kurze Bootsfahrt ist der Abschluß dieser Höhenwanderung.

55 Königsbach-Alm

Kein Aufstieg, nur Wandern bergab von der Jenner-Bergsta-tion und rund um den ganzen Jennerstock. Almbetrieb auf den Königsbach-Almen.

Charakter Abwechslungsreicher Abstieg, großer Höhenun-terschied: 1200 m

Erreichte Höhe 1802 m

Gehzeit 3 Std.

Beste Jahreszeit Mai—Winteranfang

Wanderkarte Topographische Karte 1:50000, Blatt Berchtes-gadener Alpen, Bayerisches Landesvermessungsamt; Plenk's Wanderkarte 1:60000, Berchtesgadener Land

Besonderer Hinweis Grenzgebiet — Ausweis mitnehmen

Talort Berchtesgaden, 571 m

Ausgangspunkt Königssee, 610 m; 5 km südlich von Berch-tesgaden, gute Busverbindung

Parken Großparkplatz Königssee

Bergbahn Jennerbahn (komb. Gondel- und Sessellift) 632 — 1802 m

Abstieg Schauen Sie sich erst einmal gründlich um, denn hö-her geht's nimmer. Sind Sie dann genügend beeindruckt, kann's losgehen. Auf einem gut markierten Weg wandern Sie gemütlich nach Osten zum Carl-v.-Stahl-Haus (ÖAV), 1728 m, und zum dicht danebenliegenden Schneibsteinhaus (½ Std., Naturfreunde). Beide Häuser sind bewirtschaftet. Durch

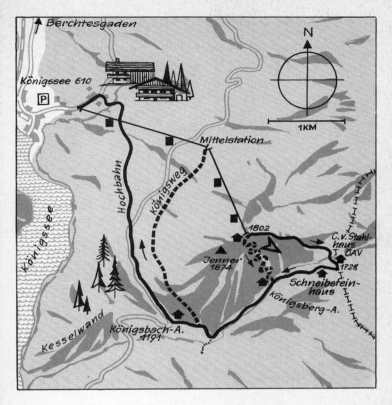

Wald und über Almwiesen marschieren Sie dann auf einem gut markierten Weg zur Königsberg-Alm (Eilige erreichen diese Alm auch direkt von der Jenner-Bergstation, allerdings steiler) und weiter zur Königsbach-Alm (1191 m, 1 Std.). Wer vom »Bergab« die Nase schon voll hat, nimmt kurz vor der Königsbach-Alm den Weg nach rechts und kann flach und bequem in ³/₄ Std. zur Mittelstation schlendern. Sie aber halten sich an die Forststraße leicht abwärts bis zur Gegensteigung. Hier zweigt nach links — Schild: »Nach Königssee« — ein Weg, die sogenannte Hochbahn, ab. Häufig durch Wald, zwischendurch immer wieder großartiger Tiefblick auf den Königssee, kommen Sie zur Seilbahn und steigen zur Jenner-Talstation ab (1¹/₂ Std.).

56 Brandkopf

*Bequeme Wanderung auf einer Wirtschaftsstraße, nur ganz
wenig Verkehr. Vom Brandkopf großartiger Ausblick auf den
Königssee und den Berchtesgadener Talkessel.*

Charakter   Leichte Bergwanderung

Erreichte Höhe   1156 m

Gehzeit   4 Std. — Aufstieg 2¹/₂ Std. — Abstieg 1¹/₂ Std.

Beste Jahreszeit   März—Winteranfang

Wanderkarte   Topographische Karte 1:50 000, Blatt Berchtesgadener Alpen, Bayerisches Landesvermessungsamt; Plenk's
Wanderkarte 1:60 000, Berchtesgadener Land

Talort   Berchtesgaden, 571 m

Ausgangspunkt   Bahnhof Berchtesgaden

Parken   Am Schwabenwirtparkplatz am Bahnhof Berchtesgaden

Aufstieg   Vom Bahnhof Berchtesgaden marschieren Sie über
die Schwabenwirtbrücke — direkt vor Ihren Augen — an der
Kurdirektion vorbei (sie liegt rechts) 400 m auf der Straße nach
Königssee. Hier im Ortsteil Mitterbach heißt es bei einer Wegtafel nach links in die Vorderbrandstraße abzweigen. Das ist
eine für den allgemeinen Verkehr gesperrte Versorgungsstra-
ße. Nur wenig Verkehr. Sie führt durch viel Mischwald, bietet
deshalb einen schattigen Anstieg. Die Straße überquert erst
einmal den Höllgraben und zieht dann gleichmäßig ansteigend
über die Hänge des Faselsberges aufwärts. Auf halbem Weg
mündet von rechts ein Steig ein, der vom Königssee herauf-
zieht. Im weiteren Verlauf werden Sie kürzer atmen, denn es

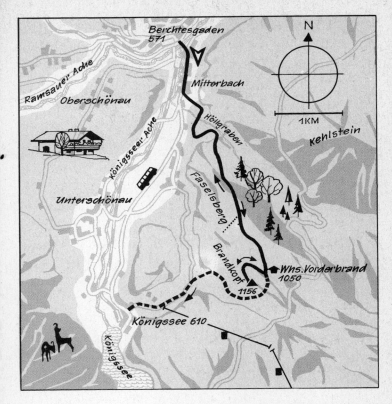

wird etwas steiler, bis Sie zum Gasthaus Vorderbrand kommen (1050 m, 2 Std.). Kurz dahinter ist nach der kleinen Kapelle rechts abzubiegen und in einem kleinen Bogen nach Norden der höchste Punkt zu erreichen (½ Std.). Ausschau halten.

Abstieg Die Rückkehr verläuft auf dem Anstiegsweg (1½ Std.), im Winter berühmt als Rodelbahn (besonders bei Mondschein). Der Abstieg kann auch nach Königssee (Wegtafel) gehen, mit Bus (häufig) nach Berchtesgaden.

57 Ligeret-Alm

Bequeme Wanderwege, die häufig durch Wald ziehen und immer wieder schöne Tiefblicke auf den Berchtesgadener Talkessel freigeben. Naturschutzgebiet.

Charakter   Leichte Wanderung mit geringen Steigungen

Erreichte Höhe   1187 m

Gehzeit   4 Std. — Aufstieg 2½ Std. — Abstieg 1½ Std.

Beste Jahreszeit   April—Winteranfang

Wanderkarte   Topographische Karte 1:50000, Blatt Berchtesgadener Alpen, Bayerisches Landesvermessungsamt; Plenk's Wanderkarte 1:60000, Berchtesgadener Land

Talort   Berchtesgaden, 571 m

Ausgangspunkt   Obersalzberg, 900 m; mit Pkw und Bus zu erreichen

Parken   Parkplatz Obersalzberg

Wanderung   Erst gehen Sie 400 m nach Süden zum Hotel General Walker (ehemals Platterhof, jetzt US-Armee), nach weiteren 5 Minuten links bei einer Wegtafel in den Lindeweg einbiegen. Gemütlich schlendern Sie auf dem flachen Weg nach Südwesten, queren nach einer guten halben Stunde unter den Drahtseilen der Obersalzbergbahn und folgen weiter dem nach Süden schwenkenden Weg. Sie passieren einige Gasthäuser, später auch die parallel verlaufende Aussichtsstraße (B 319a), bevor Sie zum Gasthaus Scharitzkehl-Alm (1046 m, 1½—2 Std.) kommen. Großartige Lage am Eingang ins Endstal, umrahmt von dramatisch aufsteigenden Felswänden. Es kommt aber noch besser, denn der Weg zieht in gleicher Richtung ins Ends-

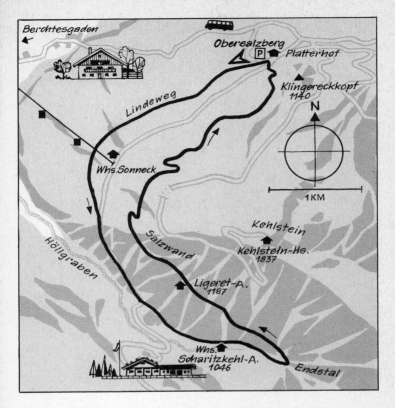

tal, steigt dabei etwas an und bringt Sie direkt unter die West-
wände des Hohen Göll. Hier machen Sie dann eine große
Schleife, um eine Etage höher den Rückweg anzutreten. Sie
kommen bald an der Ligeret-Alm (1187 m, ³/₄ Std.) vorbei und
pilgern wieder mühelos um den Kehlstein herum. Kurz unter
dem Klingereckkopf steigen Sie dann nach links ab und landen wieder beim Hotel General Walker (1¹/₂ Std.).

58 Purtschellerhaus

Schöne Wanderung auf der eindrucksvollen Nordseite des Göllstockes. Weiter Blick ins »Salzburgische«. Einmalig die Roßfeld-Höhenringstraße (gebührenpflichtig).

Charakter Leichte Wanderung auf der deutsch-österreichischen Grenze

Erreichte Höhe 1692 m

Gehzeit $2^1/_2$ Std. — Aufstieg $1^1/_2$ Std. — Abstieg 1 Std.

Beste Jahreszeit April—Winteranfang

Wanderkarte Topographische Karte 1:50 000, Blatt Berchtesgadener Alpen, Bayerisches Landesvermessungsamt

Besonderer Hinweis Grenzgebiet — Ausweis mitnehmen

Talort Berchtesgaden, 571 m

Ausgangspunkt Enzianhütte, 1300 m, bewirtschaftet; Anfahrtswege mit Pkw: 1. Berchtesgaden — Obersalzberg — Mautstelle West — Enzianhütte (kurze Anfahrt); 2. Roßfeld — Höhenringstraße (lange Anfahrt); Postbus bis Klaushöhe Mautstelle, zu Fuß zur Enzianhütte ($^1/_2$ Std.)

Parken Am Ausgangspunkt

Aufstieg Von der Enzianhütte führt ein Fahrweg in zwei Kehren nach Osten zum Eckersattel (1420 m, $^3/_4$ Std.), über den die deutsch-österreichische Grenze verläuft. Einsicht in die gewaltige Göll-Ostflanke. Der Anstieg weiter auf einem gut markierten Steig zieht nun auf österreichischem Boden anfangs noch recht flach nach Süden. Später schwenkt der Weg nach Westen, und Sie steigen in kurzen Serpentinen, nun ein Stück

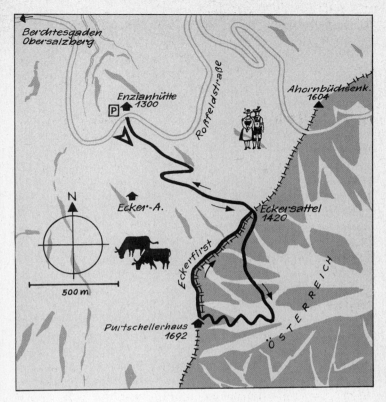

steiler, zum Purtschellerhaus (³/₄ Std., Mai bis Oktober bewirtschaftet). Nicht ganz einmalig und doch originell ist, daß dieses
Unterkunftshaus des Deutschen Alpenvereins halb auf deut-
schem und halb auf österreichischem Boden steht.

Abstieg Der Eckerfirst, das ist der von der Hütte nach Norden
ziehende Gratrücken, bietet für den Abstieg eine kleine Varian-
te. Sie kommen auf diesem Weg in den Eckersattel und können
auf dem Fahrweg zur Enzianhütte zurückkehren. Natürlich auch
auf dem Anstiegsweg (1 Std.).

Wandern mit Walter Pause

Walter Pause
Berg Heil
100 schöne Bergtouren in den Alpen

Die 100 alpinen Tips sind nach Schwierigkeiten genau markiert; sie führen durch die Kalkstöcke der Voralpen, aber auch ins Eis und Urgestein des Zentralalpenkammes. Zumeist werden Normalanstiege begangen — zwischen Grenoble und Wien.

23. Auflage, 211 Seiten, 100 Fotos, davon 32 von Franz Thorbecke, 100 Tourenskizzen

Walter Pause
Wandern bergab
100 schöne Abstiegswege in den Alpen

100 »Geheimtips« für stille, landschaftlich reizvolle Abstiegswege zwischen Chamonix und Wiener Schneebergen.

15. Auflage, 210 Seiten, 100 Fotos, davon 18 von Franz Thorbecke, 100 Tourenskizzen

Walter Pause
Von Hütte zu Hütte
100 alpine Höhenwege und Übergänge

Ob Anfänger, Bergwanderer oder Bergsteiger — jeder findet die ihm gemäße Route.

21. Auflage, 211 Seiten, 100 Fotos, davon 48 von Franz Thorbecke, 100 Tourenskizzen

Walter Pause
Münchner Hausberge
84 Sommertouren um München

Das beliebte Wanderbuch vieler Müchner Familien und Sommergäste Oberbayerns. Einfache bis mittelschwere Wanderungen, Bergtouren und kleine Genußklettereien.

14. Auflage, 181 Seiten, 84 Fotos, davon 41 von Franz Thorbecke, 84 Tourenskizzen

 BLV Verlagsgesellschaft München

BLV Kombi-Wanderbuch

Marianne Heilmannseder
Das Alm-Wanderbuch
Oberbayern, Allgäu, Nordtirol

Rund 150 genußreiche Almwanderungen und Gipfelbesteigungen
160 Seiten und 64 Seiten Begleitheft, 59 Farbfotos, 71 s/w-Fotos,
50 Tourenskizzen

BLV Kombi-Wanderbuch

Konrad Fleischmann
Das neue Alpen-Wanderbuch
zwischen Arlberg und Salzkammergut

50 Bergwanderungen werden hier vorgestellt
159 Seiten und 63 Seiten Begleitheft, 55 Farbfotos, 62 s/w-Fotos,
50 Kartenskizzen

BLV Naturführer

E. Wendelberger
Alpenblumen
Alle wichtigen Alpenblumen nach Farbfotos bestimmen

Genaue Beschreibung und Angaben über Vorkommen, Standort
und Blütezeit. Hinweise auf Naturschutz und Heilwirkung.
2. Auflage, 143 Seiten, 88 Farbfotos

BLV Naturführer

Andreas Neuner
Pilze
Alle wichtigen Pilze nach Farbfotos bestimmen

Einheimische Speisepilze und ihre gefährlichen Doppelgänger.
5. Auflage, 143 Seiten, 95 Farbfotos

 BLV Verlagsgesellschaft München